I0224103

O Catolicismo Romano

Seus ensinamentos segundo a história e a Bíblia Sagrada

Márcio José Pinheiro

O Catolicismo Romano

Seus ensinamentos segundo a história e a Bíblia Sagrada

Márcio José Pinheiro

1ª Edição 2011

Edição Revisada e ampliada

Belo Horizonte
2015

O Catolicismo Romano

Seus ensinamentos segundo a história e a Bíblia Sagrada

Autor e formatação: Márcio José Pinheiro

Impressão: Clube de Autores

ISBN: 978-85-920350-2-0

Todos os direitos desta edição reservadas ao autor

Impresso no Brasil

2015

SUMÁRIO

Tende cuidado, para que ninguém vos faça presa sua, por meio de filosofias e vãs sutilezas, segundo a tradição dos homens, segundo os rudimentos do mundo, e não segundo Cristo (Cl 2.8)

Dedico este estudo a todos os verdadeiros cristãos que realmente querem seguir os passos de Nosso Senhor e Salvador Jesus Cristo.

Introdução

Essas páginas nasceram da necessidade de apresentar uma síntese dos ensinos praticados pelo catolicismo romano e comparando-os à luz das Escrituras Sagradas. Nosso intuito não é fazer uma apologética para contradizer os ensinos romanistas, mas para termos uma base comparativa entre ambos apresentando algumas verdades do Evangelho; por esse motivo, todas as citações bíblicas aqui citadas, serão de Bíblias adotadas por essa igreja.

Ao longo dessas páginas temos a intenção de apresentar uma visão panorâmica da igreja, bem como algumas doutrinas, sacramentos, liturgias, decorrer sobre temas como a sucessão papal vinda a partir de Pedro, o apóstolo, batismo, infabilidade papal, doutrina do purgatório entre outros.

Temos consciência do que será relatado possa estar em desencontro com o censo comum, a nossa expectativa é que voce possa comprovar através de livros seculares ou não a veracidade do assunto. Esperamos que ao fim dessa leitura, você leitor, possa ter o seu veredicto sobre o assunto e possa ainda, tomar sua própria decisão sobre o assunto.

Visão Panorâmica

A igreja católica apostólica romana, chamada também de igreja católica romana ou simplesmente igreja católica, é uma igreja com base cristã com aproximadamente mais de um milênio, colocada sob a autoridade suprema do papa, também chamado bispo de Roma e sucessor do apóstolo Pedro. Ela se considera não como uma Igreja entre outras, mas como a Igreja estabelecida por Deus para salvar todos os homens. Essa ideia é visível pelo seu nome, porque o termo católico significa universal. Ela elaborou sua doutrina ao longo dos concílios, a partir da Bíblia, comentados pelos Pais da Igreja e pela tradição.

Seu objetivo em teoria, é a conversão ao ensinamento e à pessoa de Jesus Cristo e do Reino de Deus. Para este fim, ela administra os sacramentos, prega o Evangelho de Jesus Cristo, atua em programas sociais e instituições em todo o mundo, incluindo escolas, universidades, hospitais, abrigos, bem como outras instituições de caridade que ajudam famílias, pobres, idosos e doentes.

O catolicismo romano se propõe a uma vida espiritual, dando aos seus fiéis uma regra de vida inspirada no Evangelho. Regida pelo Código de Direito Canônico, ela se compõe, além da sua conhecida hierarquia que vai desde o simples diácono ao papa. Desde o dia 19 de Abril de 2005 até Fevereiro de 2013, a igreja católica era liderada pelo papa Bento XVI, contando aproximadamente com 1 milhão e 115 membros distribuídos por todo o mundo.

Atualmente, conta-se com o papa Jorge Mario Bergoglio, conhecido mundialmente como papa Francisco que é o 266.º papa da Igreja Católica e atual Chefe de Estado do Vaticano.

Doutrinas Católica

Segundo o catecismo de Pio X[1], a doutrina católica "é a doutrina que Jesus Cristo Nosso Senhor nos ensinou, para nos mostrar o caminho da salvação" e da vida eterna. "As partes principais e mais necessárias da Doutrina [...] são quatro: o Credo, o Pai-Nosso, os Mandamentos e os Sacramentos".

A igreja católica afirma que todas as coisas que ela acredita foram sendo gradualmente reveladas por Deus através dos tempos (nomeadamente ao longo do Antigo Testamento); atingindo a sua plenitude e perfeição em Jesus Cristo (que anunciou definitivamente o Evangelho à humanidade), que é considerado pelos católicos, bem como os cristãos, comumente conhecidos como evangélicos, como o Filho de Deus, o messias e o salvador do mundo e da humanidade.

O objetivo é:

---

[1] O Catecismo de Pio X é um pequeno e simples catecismo, escrito pelo papa Pio X em 1905, com o importante objetivo de popularizar o ensino do catecismo na igreja católica e tornar os católicos mais informados e conhecedores da sua fé e doutrina. Este catecismo tinha também a função de resumir o Catecismo Romano, que foi um produto importante do Concílio de

O Catolicismo Romano - Seus ensinamentos segundo a história e a Bíblia Sagrada
Márcio José Pinheiro

Apresentar uma exposição orgânica e sintética dos conteúdos essenciais e fundamentais da doutrina católica tanto sobre a fé como sobre a moral, à luz do Concílio Vaticano II e do conjunto da tradição da Igreja. Suas fontes principais são a Sagrada Escritura, os santos padres, a liturgia e o magistério da igreja. Destina-se ele a servir como um ponto de referência para os catecismos ou compêndios que são elaborados nos diversos países (Catecismo da Igreja Católica, 1999, pág. 15).

Sobre o objetivo dos ensinamentos nada temos contra a comentar, pois toda doutrina deve estar estritamente fundamentada naquilo que se crê. Para que tenhamos certeza se as bases que a sustentam é bíblica e aprovada por Deus, basta observar o seguinte detalhe: se nessa base for acrescentado além do já se encontra firmado e aprovado nas Escrituras que é Jesus Cristo, podemos ficar com "o pé atrás", pois as Escrituras Sagradas nos adverte a esse respeito dizendo que seja anátema, em outras palavras, seja amaldiçoado:

Mas, ainda que nós mesmos ou um anjo do céu vos anuncie outro evangelho além do que já vos tenho anunciado, seja anátema. Assim, como já vo-lo dissemos, agora de novo também vo-lo digo. Se alguém vos anunciar outro evangelho

Trento (informações retiradas da página da Wikipédia – Compêndio do catecismo da igreja católica)

além do que já recebestes, seja anátema (Gl 1.8,9)

Tanto católicos como protestantes concordam que a nossa fé deve ser embasada em Jesus Cristo e nas Sagradas Escrituras. Mesmo havendo essa concordância, o catolicismo romano acrescenta que seus fundamentos devem ser "à luz do Concílio Vaticano II e do conjunto da tradição da Igreja. Suas fontes principais são a Sagrada Escritura, os santos padres, a liturgia e o magistério da igreja", conforme as próprias palavras do Catecismo da Igreja Católica em seus objetivos citados linhas atrás.

Se mantivermos a base apenas em Jesus Cristo e nas Sagradas Escrituras, já poderíamos sentenciar o catolicismo romano como anátema. É importante para melhor compreensão do leitor, salientar que o Catecismo da Igreja Católica é uma obra que apresenta seus ensinamentos em 734 páginas, apresentada pela Conferência Nacional dos Bispos do Brasil – CNBB assinada pelo seu presidente Dom Jayme Henrique Chemello e Secretário Geral Dom Raymundo Damasceno Assis; cuja carta apostólica "Laetamur Magnopere" é dedicada "aos veneráveis irmãos cardeais, patriarcas, arcebispos, bispos, presbíteros, diáconos e aos demais membros do povo de Deus" assinada por "João Paulo II, Bispo servo dos servos de Deus para perpétua memória".

Traremos um pouco de história para clarear o que foi o Concílio Vaticano II. Em 1961, o papa João XXIII convocou o XXI concílio ecumênico a acontecer no Vaticano, em Roma. O II Concílio Vaticano (Vaticano II) teve sua abertura oficialmente em 11 de Outubro de 1962 e encerrou "com manifestação religiosa, realizada na praça de ao Pedro, a 08 de Dezembro de 1965" (Grande Enciclopédia Delta Larrousse, 1971, Rio de Janeiro, pág. 1810-1811) e revolucionou a igreja católica romana.

Embora nesse concílio não promulgasse qualquer dogma novo nem alterasse radicalmente a doutrina, o concílio abriu as janelas da igreja que trouxe novos rumos. Os tradicionalistas não a receberam de bom grado e enxergaram esses novos rumos como um vento forte de modernismo, em contrapartida, os progressistas interpretaram que trariam mudanças à igreja como o vento refrescante do Espírito Santo.

Seja como for, o Concílio Vaticano II alterou radicalmente a vida da igreja católica romana de tal maneira que deixou de ser isolada pela filosofia e pelas ciências modernas, pelo protestantismo e pelas religiões mundiais.

Essa mudança consistia em Roma conceder aos protestantes a condição mais favorável de "irmãos separados", em à missa passar a ser celebrada no vernáculo (no idioma dos leigos).

Isso foi uma mudança radical, pois os leigos teriam uma participação maior nas atividades diárias das igrejas católicas aprovados por 2.340 votos contra 2, as listas de livros proibidos foram abolidas e os estudiosos católicos ganharam liberdade para publicar obras exploratórias sem a censura prévia da hierarquia católica.

Na prática, pelo menos, o Vaticano II abriu a igreja católica romana a uma nova era de ensino e estudo da Bíblia. A Bíblia assumiu um novo papel e valor como fonte e padrão definitivos da verdade.

A essa altura, você pode perceber que não se pode fundamentar nossa fé em um concílio. O que dizer então sobre as fontes citadas (*a Sagrada Escritura, os santos padres, a liturgia e o magistério da igreja*)?

Fundamentar-se nas Sagradas Escrituras é corretíssimo, nos santos padres, isso quer dizer nos papas, é outro assunto. E com relação à liturgia e o magistério da igreja? Se não podemos nos fundamentar em decisões de um concílio, muito menos nos papas, que nada mais são do que interpretações humanas colocadas como leis, então por qual motivo deveria-se aceitar sua liturgia e o magistério?

Vale a pena salientar que não devemos com isso descartar tudo o que a igreja representa e ensina; muito menos passar a ver todos os católicos como fiéis incultos que obedecem cegamente a tudo que vem sendo empurrado pelos dirigentes de sua igreja.

Sabemos, no entanto, que em seu meio existem muitos que creem no verdadeiro Deus, que tem se fundamentado exclusivamente em suas Palavras, nos fundamentos ensinados pelo seu filho Jesus e na confiança que o Espírito Santo os dirige.

O Credo Apostólico

O credo ao qual o catecismo se refere, passou por processos interessantes até sua formulação final. O Concílio de Calcedônia decidiu que era o quarto concílio ecumênico e declarou a versão do Credo de Nicéia escrita no segundo concílio ecumênico, em Constantinopla, era autorizado e obrigatório para todos os clérigos no império.

Embora seja comumente chamado Credo de Nicéia, é mais exatamente o Credo niceno-constantinopolitano, conforme Roger Olson na História da Teologia Cristã.

Os quatro concílios ecumênicos que até mesmo os protestantes consideram dotados de autoridade especial para a doutrina cristã são: Nicéia (325), Constantinopla 1 (381), Éfeso 1 (431) e Calcedônia (451).

O Credo de Nicéia tornou-se a declaração universal de fé, obrigatória para todos os clérigos cristãos segundo o decreto do imperador Teodósio e foi reafirmado pelo quarto concílio ecumênico em Calcedônia, em 451.

Outros credos e profissões de fé foram escritos posteriormente, nas tradições ortodoxas, católicas e protestantes

– mas todos constituem elaborações e interpretações desse credo. Em palavras mais diretas, podemos dizer que é o credo universal da cristandade.

No concílio de Éfeso, os bispos reunidos reafirmaram o Credo niceno de Constantinopla I, declarando que era suficiente como credo e que continha a verdade essencial da cristologia ortodoxa. O Credo niceno-constantinopolitano, conhecido simplesmente por Credo de Nicéia, diz:

Creio em um só Deus
Pai, todo-poderoso
Criador do céu e da terra,
de todas as coisas visíveis e
invisíveis.
Creio em um só Senhor, Jesus Cristo,
Filho unigênito de Deus,
gerado do Pai antes de todos os
séculos
Deus de Deus, Luz da Luz,
Deus verdadeiro de Deus
verdadeiro;
gerado, não criado,
consubstancial ao Pai.
Por ele todas as coisas forma feitas.
E por nós, homens, e para nossa
salvação,
desceu dos céus;
e se encarnou pelo Espírito Santo,

no seio da virgem Maria,
e se fez homem.

Também por nós foi crucificado sob
Pôncio Pilatos;
padeceu e foi sepultado.
Ressuscitou ao terceiro dia,
conforme as Escrituras,
e subiu aos céus,
onde está sentado à direita do Pai.
E de novo há de vir, em sua glória,
para julgar os   vivos
e os mortos;
e seu reino terá fim
Creio no Espírito Santo,
Senhor, que dá a vida,
e procede do Pai (e do Filho);
e com o Pai e o Filho é adorado e
glorificado;
ele que falou pelos profetas.
Creio na igreja, una, santa, católica e
apostólica.
Professo um só batismo para
remissão dos pecados.
E espero a ressurreição dos mortos
e a vida do mundo que há de vir.
Amém (OLSON, Roger 2001, pág.
199-200).

"A frase entre parênteses "*e do Filho*" é tradução da palavra latina filioque e aparece em quase todas as versões ocidentais do Credo niceno" argumenta Olson. Como essa frase apareceu ali é uma resposta apresentada por esse escritor:

Isso ninguém sabe com certeza. E quando os
bispos orientais tomaram conhecimento disso

em Constantinopla por volta de 850, quiseram remover a frase por duas razões.

Em primeiro lugar, protestaram dizendo que o Ocidente não tinha o direito de alterar o credo básico da cristandade sem consultar a igreja oriental. Em segundo lugar, argumentaram que essa frase revelava uma profunda diferença teológica entre as ideias orientais da Trindade, que consideravam as única verdadeiramente ortodoxas, e as ocidentais, fundamentadas no pensamento agostiniano, que consideravam heterodoxas (não ortodoxas e próximas da heresia).

Em toda essa controvérsia do filioque, a única coisa que se pode dizer com certeza é que a frase foi oficialmente acrescentada ao credo, na sua tradução latina, por um sínodo espanhol reunido em Toledo em 589. Antes disso, a frase já era comum entre os monges no Ocidente e alguns argumentam que o próprio Agostinho a promovia, o que é improvável, embora ele realmente tenha declarado, em "Da Trindade", a processão do Espírito pelo Filho (OLSON, Roger, 2001, pág. 312)

Em suma, o credo nada mais é do que uma confissão de fé, ao quais todos os cristãos devem comungar; lembrando que quando no credo se diz *"Creio na igreja, una, santa, católica e apostólica"*, a palavra católica deve ser entendida como universal e não relativo à religião. Com relação aos demais itens (uma, santa, apostólica), trataremos do assunto mais adiante.

A Oração Dominical

O Pai-nosso é uma das quatro principais doutrinas católica tem um aspecto importante a ser abordado:

> A tradicional expressão "oração dominical" [ou seja, "Oração do Senhor"] significa que a oração ao nosso Pai nos foi ensinada e dada pelo Senhor Jesus. Esta oração que nos vem de Jesus é realmente única: ela é "do Senhor". Com efeito, por um lado, mediante as palavras desta oração, o Filho único nos dá as palavras que o Pai lhe deu; Ele é o Mestre de nossa oração. Por outro lado, como Verbo encarnado, Ele conhece em seu coração de homem as necessidades de seus irmãos e irmãs humanos e no-las revela; é o Modelo de nossa oração. Jesus, no entanto não nos deixa uma fórmula a ser repetida maquinalmente. Como vale em relação a toda oração vocal, é pela Palavra de Deus que o Espírito Santo ensina aos filhos de Deus como rezar a seu Pai (Catecismo da Igreja Católica, 1999, pág. 708).

O catecismo ensina que a oração Pai-nosso "foi ensinada e dada pelo Senhor Jesus" e que essa oração "é o Modelo de nossa oração". Mais surpreendente ainda é que eles concordam que Jesus "não nos deixa uma fórmula a ser repetida maquinalmente".

Minha pergunta é simples, direta e objetiva: por qual motivo reza-se contínua, repetidamente e maquinalmente o Pai-nosso, a Ave-Maria e outras orações que são repetidas tanto pelos fiéis, como pelos clérigos?

Em cima dessa mesma pergunta, podemos também perguntar: qual é a utilidade do terço? Por que ele foi adotado se contraria o ensino que o próprio catecismo ensina que a oração é uma fórmula e não deve ser repetida maquinalmente como acontece?

Mateus 6.7,8 ensina: *"E, orando, não useis de vãs repetições, como os gentios, que pensam que por muito falarem serão ouvidos. Não vos assemelheis, pois, a eles; porque vosso Pai sabe o que vos é necessário, antes de vós lho pedirdes".*

Orar é conversar com Deus, falar com Ele. Rezar é segundo os dicionários proferir, dizer oração ou súplicas, fazer preces e não repetição de oração como normalmente é feito. Em seu momento de oração, você tem repetido apenas as orações aprendidas ou tem conversado com Deus?

Alguém pode até dizer que através das repetições dessas orações, conversamos com Deus, mas devemos nos lembrar que esse não é o ensino correto apresentado pelo catecismo da igreja católica que é destinado "principalmente aos responsáveis pela catequese: em primeiro lugar os bispos, doutores da fé e pastores da igreja. [...] Será também útil para a leitura de todos os demais fiéis cristãos" (Catecismo da igreja católica, 1999, pág. 15-16).

Devemos partir do seguinte pressuposto: se consideramos que a Conferência Nacional dos Bispos do Brasil[2] representa o desejo e a vontade dos representantes das pessoas inspiradas por Deus para trazer o real ensino que Deus quer que sigamos e essa mesma conferência apresenta esse catecismo a todos os fiéis e "recomenda esta valiosa obra" para servir de "texto de referência, seguro e autêntico para o ensino da doutrina católica".

O que dizer da Carta Apostólica "Laetamur Magnopere" que aprova e promulga a edição típica latina do catecismo da igreja católica endereçada "aos veneráveis irmãos cardeais, patriarcas, arcebispos, bispos, presbíteros, diáconos e aos

---

[2] O texto na íntegra pode ser lido como se segue: "É com grande satisfação que a Conferência Nacional dos bispos do Brasil – CNBB apresenta a todos os fiéis a tradução da edição típica latina do Catecismo da Igreja Católica e recomenda esta valiosa obra 'como texto de referência, seguro e autêntico, para o ensino da doutrina católica'" assinada por Dom Jayme Henrique Chemello (presidente) e Dom Raymundo Damasceno Assis (secretário-geral)

demais membro do povo de Deus" assinado pelo papa João Paulo II?

A isso, só temos uma resposta: negar algum ponto desse catecismo seria o mesmo que não aceitá-lo como correto e isso invalidaria qualquer possível resposta que possa ser apresentada em favor do próprio catolicismo romano e não segui-la é ser rebelde à própria doutrina católica.

Agora chegamos ao ápice da questão e devemos apenas nos perguntar se os responsáveis pela catequese estão cumprindo o que deveriam eles próprios seguir e ensinar aos fiéis de sua igreja, ou então, eles simplesmente formaram uma doutrina dentro da própria doutrina católica romana?

Se analisarmos racionalmente essa questão, concluiremos que os responsáveis pela catequese têm falhado em sua missão. O ponto principal que importa agora é que devemos estar dispostos a ouvir Deus e até mesmo falarmos com ele e em hipótese alguma, ficar repetindo orações como se tem feito, dando ouvidos as doutrinas espúrias criadas dentro da própria doutrina católica.

A decisão é toda sua se vai persistir no erro ou irá mudar sua história e fazer o que recomenda o catecismo da igreja católica:

Por outro lado, como Verbo encarnado, Ele conhece em seu coração de homem as necessidades de seus irmãos e irmãs humanos e no-las revela; é o Modelo de nossa oração. Jesus, no entanto, não nos deixa uma fórmula a ser repetida maquinalmente (Catecismo da Igreja Católica, 1999, pág.708)

Corredenção

O Catecismo da Igreja Católica, página 330 ensina que *"ao celebrar o ciclo anual dos mistérios de Cristo, a santa Igreja venera com particular amor a bem-aventurada mãe de Deus, Maria, que por um vínculo indissolúvel está unida à obra salvífica de seu filho"*.

Em outras palavras, esse catecismo apresenta uma tentativa de desmerecer a obra salvífica de Jesus na cruz, pois o ensino das palavras citadas pelo catecismo é que Jesus precisou de Maria para fazer sua obra.

Maria, segundo essa visão passou a ser coautora de nossa salvação e isso é mais um ensino herético.

Se lermos atentamente a Bíblia que é a Palavra de Deus, seja ela na versão católica ou protestante, nada encontraremos sobre Maria haver participado da obra salvífica de seu filho.

Por curiosidade pesquisei a palavra intercessora e mediadora na Concordância Bíblica Exaustiva Joshua não encontrando estas palavras, mas como não poderia deixar de ser, encontramos referência a palavra mediador quatro vezes em 1 Tm 2.5; Hb 8.6; Hb 9.15 e Hb 12.24 todas elas referindo exclusivamente a Jesus Cristo (OLIVEIRA, Oséias Gomes, 2012 pág. 901)

A participação de Maria segundo o catecismo romano está em obedecer ao chamamento de Deus para ser mãe terrena do filho de Deus, para criá-lo, educá-lo e entregá-lo ao mundo, para este [Jesus] cumprir a obra a qual ele foi predestinado a cumprir.

Sem sombra de dúvida, isso é jogo de palavras para manipular o objetivo, ou seja, é apenas uma desculpa apresentada para enaltecer um (Maria) em detrimento de outro (Jesus). Esta é sem sombra de dúvida, a verdadeira e única obra salvífica.

E, achado na forma de homem, humilhou-se a si mesmo, sendo obediente até à morte, e morte de cruz. Por isso, também Deus o exaltou soberanamente, e lhe deu um nome que é sobre todo o nome; para que ao nome de Jesus se dobre todo o joelho dos que estão nos céus, e na terra, e debaixo da terra, e toda a língua confesse que Jesus Cristo é o Senhor, para glória de Deus Pai (Fp 2.8-11).

Meus filhinhos, estas coisas vos escrevo, para que não pequeis; e, se alguém pecar, temos um Advogado para com o Pai, Jesus Cristo, o justo. E ele é a propiciação pelos nossos pecados, e não somente pelos nossos, mas também pelos de todo o mundo (1 Jo 2.1,2).

Porque há um só Deus, e um só Mediador entre Deus e os homens, Jesus Cristo homem (1 Tm 2.5).

Os Dez Mandamentos e a Moral

Ao fazermos a análise sobre os Dez Mandamentos, percebemos que eles eram mais do que simples leis para governar a vida do povo de Israel; essas leis faziam parte da aliança que Deus fez com Israel quando tomou a nação para si e fez dela seu povo especial (Êx 6.1-8; 19.5-8).

Na aliança que Deus fez com Abraão, dito em termos modernos para melhor assimilação, Deus passou a escritura da terra prometida, porém para eles apropriarem dessa terra, teriam primeiramente que obedecer à lei mosaica.

Como sabemos por intermédio das Escrituras Sagradas, essa nação desobedeceu a lei, profanou a terra que lhes foi dada e isso levou-os as consequências pela qual foram disciplinados.

Warren Wiersbe faz o seguinte comentário sobre as leis mosaicas:

> A lei jamais foi dada como forma de salvação, quer para os judeus, quer para os gentios, pois "por obras da lei, ninguém será justificado" (Gl 2.16). A salvação não é uma recompensa pelas boas obras, mas um dom de Deus por meio da fé em Jesus Cristo (Rm 4.5; Ef 2.8,9). A lei

> revela a justiça de Deus e exige justiça, mas não pode oferecer essa justiça (Gl 2.21); só Jesus Cristo é capaz de fazer isso (2 Co 5.21).
>
> A lei é um espelho que mostra onde estamos sujos, mas ninguém lava o rosto no espelho (Tg 1.22-25). Somente o sangue de Jesus Cristo nos purifica do pecado (1 Jo 1.7-9; Hb 10.22). (WIERSBE, 2006, pág. 288)

Devido à grande diversidade de traduções existentes (ARC, ARF, ARA, NVI, NTLH, TB, CNBB, TEB, etc.) há várias representações dos Dez Mandamentos. Apesar das diversas traduções, devemos nos lembrar que essas palavras é a Palavra de Deus que apesar dos séculos, permaneceu inalterado, conforme pode ser comprovado pelos Manuscritos do Mar Morto que "demonstra a extraoridnária precisão dos copistas das Ecrituras durate um período de mil anos" (MCDOWELL, Josh, 2013, pág. 210).

Dessas traduções a mais utilizada é aquela ensinada atualmente no catolicismo romano, está apresentada abaixo, retirada da Bíblia do Peregrino (Bíblia de edição católica, da Editoria Paulus), Dt 5.6-21:

> Eu sou o Senhor teu Deus. Eu te tirei do Egito, da escravidão. Não terás outros deuses diante de mim. Não farás para ti ídolos: nenhuma figura

do que há no alto do céu, embaixo na terra ou na água sob a terra. Não te prostrarás diante deles nem lhes prestarás culto, porque eu, o Senhor teu Deus, sou um Deus ciumento: castigo o pecado dos pais nos filhos, netos e bisnetos, quando me aborrecem. Mas sou leal por mil gerações, quando me amam e guardam meus preceitos.

Não pronunciarás o nome do Senhor teu Deus em falso, porque o Senhor não deixará impune quem pronunciar seu nome em falso.

Guarda o dia de sábado, santificando-o, como o Senhor teu Deus te ordenou. Trabalha e faze tuas tarefas durante seis dias; mas o sétimo é dia de descanso dedicado ao Senhor teu Deus. Não farás nenhum trabalho, nem tu, nem teu filho, nem tua filha, nem teu escravo, nem tua escrava, nem teu boi, nem teu asno, nem teu gado, nem o migrante que viver em tuas cidades, para que o escravo e a escrava descansem como tu. Recorda que foste escravo no Egito e que daí o Senhor teu Deus te tirou, com mão forte e com braço estendido. Por isso, o Senhor teu Deus te ordena guardar o dia de sábado.

Honra teu pai e tua mãe, como te ordenou o Senhor, teu Deus; assim, prolongarás a vida, e tudo te correrá bem na terra que o Senhor teu Deus te dará.

Não matarás.
Nem cometerás adultério.
Nem roubarás.
Nem darás falso testemunho contra teu próximo.

Nem pretenderás a mulher do teu próximo. Nem cobiçarás sua casa, nem suas terras, nem seu escravo, nem sua escrava, nem seu boi, nem seu asno, nada do que lhe pertença (SCHÖKEL, 1997, pág.304-305)

Para os católicos em geral, esses mandamentos são de observância e cumprimento obrigatórios (como não poderia deixar de ser), porque enuncia deveres fundamentais do homem para com Deus, para com o próximo e dão a conhecer também a vontade divina sobre a conduta moral dos homens.

Porém, no segundo mandamento, o Livro Sagrado apresenta o ensinamento: *"Não pronunciarás o nome do Senhor, teu Deus, em falso"* (Ex 20.7). O "Catecismo da Igreja Católica, Artigo 2, o Segundo Mandamento" apresenta um excelente ensinamento que todos os seres humanos, devemos respeitar. Está escrito: "O nome do Senhor é santo. Eis por que o homem não pode abusar dele. Deve guardá-lo na memória num silêncio de adoração amorosa. Não fará uso dele a não ser para bendizê-lo, louvá-lo e glorificá-lo" (Catecismo da Igreja Católica, 1999, pág. 562).

Algumas linhas depois, ainda comentando sobre o segundo mandamento, há acréscimos ao que é ensinado anteriormente e nota-se visivelmente a distorção sobre a própria palavra.

Não é preciso nenhum conhecimento teológico para constatarmos isso. Vejamos o que é relatado: "o segundo mandamento proíbe o abuso do nome de Deus, isto é, todo uso inconveniente do nome de Deus, de Jesus Cristo, da Virgem Maria e de todos os santos" (Catecismo da Igreja Católica, 1999, pág. 563).

Sabemos que o nome do Senhor é santo porque assim nos ensinam as Escrituras, sabemos também que Jesus Cristo é o filho unigênito de Deus e, dessa forma não estamos equivocados em afirmar que o nome de Jesus também é santo, porque isso nos leva apenas a reconhecer o senhorio de Jesus.

Mas, afirmar que o segundo mandamento proíbe o uso e abuso do nome da "Virgem Maria e de todos os santos" como está escrito no Catecismo da Igreja Católica que é um livro reconhecido por todas as igrejas católicas romanas e com o aval do papa, é menosprezar a inteligência de seus fiéis.

Esse acréscimo da lei divina sobre Maria e todos os santos é uma heresia que deve ser repudiada veementemente e mais uma vez lembrando que todo acréscimo à Bíblia Sagrada seja anátema como vimos anteriormente.

O apelo que fazemos à voces leitores é que reflitam sobre qualquer acréscimo realizado nas leis de Deus. Caso voces decidam ir contra esses acréscimos, de modo algum voces estarão se rebelando contra Deus, mas na realidade estarão se aproximando Dele cada vez mais e esse deve ser o objetivo de todos aqueles que realmente creem no Deus Todo-Poderoso relatado nas Escrituras Sagradas que enviou o seu Filho Jesus Cristo para nós como o messias libertador, salvador que perdoa nossos pecados e reconcilia com Deus.

Historica, teologicamente e dentro do contexto judaico, o mandamento de não pronunciar o nome de Deus em vão, diz respeito à santidade do nome divino (Êx 3.14,15) e a revelação do nome de Deus – YHWH – transmite um risco se este for usado a esmo entre as pessoas, pois há a probabilidade de que não seja proferido no contexto da reverência.

O uso do nome de Deus em vão, envolve:

1- Torná-lo trivial e insignificante;

2- Possibilitar sua utilização em ofertas de propósitos malignos. Ao entoá-lo dessa maneira, viola-se seu caráter e sua finalidade (esta era uma das formas como os sacerdotes de falsas religiões usavam os nomes de seus falsos deuses);

3- Utilizá-lo imprudentemente na adoração. (RADMACHER, ALLEN, HOUSE, 2010, pág. 165)

Apesar de os Dez Mandamentos tratarem de nossas responsabilidades diante de Deus, os quatro primeiros mandamentos estão voltados para Deus, enquanto os seis mandamentos restantes estão voltados para os seres humanos.

A forma como nos relacionamos com os outros dependem da maneira como nos relacionamos com Deus, pois se amarmos ao Senhor e lhe obedecermos, consequentemente também amaremos a nosso próximo e o serviremos.

Dogmas e Santíssima Trindade

Com os seus estudos teológicos, a Igreja vai-se gradualmente instituindo os seus dogmas, que é a base da sua doutrina, sendo o último dogma (o da Assunção da virgem Maria) proclamado solenemente apenas em 1950, pelo papa Pio XII (Catecismo da Igreja Católica, 1999, pág. 273 – nota marginal).

Para os católicos, um dos dogmas mais importantes é o da Santíssima Trindade, que, não violando o monoteísmo, professa que Deus é simultaneamente uno (porque, em essência, só existe um Deus) e trino (porque está pessoalizado em três pessoas: o Pai, o Filho e o Espírito Santo, que se estabelecem entre si uma comunhão perfeita). Estas três pessoas, apesar de possuírem a mesma natureza, "são realmente distintas".

Daí, podemos verificar que os ensinamentos tanto da igreja católica romana como das igrejas protestantes, comungam o mesmo tipo de pensamento a respeito da Trindade.

"A Trindade é Una. Não professamos três deuses, mas um só Deus em três pessoas: 'a Trindade consubstancial'. As pessoas divinas não dividem entre si a única divindade, mas cada uma delas é Deus por inteiro" (Catecismo da Igreja Católica, 1999, pág. 76).

O dogma da Santíssima Trindade promulgada pelo catolicismo romano está embasado no II Concílio de Constantinopla em 553: DS 421, conforme nota marginal do Catolicismo da Igreja Católica, página 76.

Porém, uma palavra nos chama a atenção: "a Trindade consubstancial". O que vem ser consubstancial? O Dicionário Eletrônico Aurélio assim traduz a palavra consubstancial: "que tem uma só substância; em que há unidade de substância ou da mesma natureza ou essência que outro".

Roger Olson apresenta a etimologia e escreve que "a palavra "consubstancial" é uma tradução de homoousios e é simplesmente uma versão atualizada da palavra inglesa arcaica consubstancial, encontrada nas versões inglesas do credo" (OLSON, 2001, pág. 159).

Para melhor entendimento, homoousios é uma palavra composta de duas palavras gregas que significam "uma" e "substância" (consubstancial com o Pai).

Atenágoras apresentou uma das primeiras explicações teológicas da doutrina da Trindade a fim de esclarecer a má interpretação e a oposição à crença cristã: "Reconhecemos um

Deus, e um filho que é seu Logos, e um Espírito Santo, unidos em essência: o Pai, o filho, o Espírito, porque o filho é a inteligência, razão e sabedoria do Pai e o Espírito é uma emanação, como a luz é do fogo". (OLSON, 2001, pág. 62).

Podemos definir a doutrina da Trindade de uma forma bem prática dizendo que Deus existe eternamente como três pessoas – Pai, Filho e Espírito Santo – e cada pessoa é plenamente Deus.

Não devemos em hipótese alguma pensar que são três deuses, pois as Escrituras Sagradas nos ensinam que existe só um Deus. Isto em outras palavras quer dizer que Deus existe como três pessoas, porém é um só Deus. Parece contraditório, porém, não é, pois devemos nos lembrar da pobreza de nossa língua em expressar as coisas espirituais.

> Em certo sentido a doutrina da Trindade é um mistério que jamais seremos capazes de entender plenamente. Podemos compreender em parte da sua verdade resumindo o ensinamento das Escrituras em três declarações:
>
> 1. Deus é três pessoas
> 2. Cada pessoa é plenamente Deus
> 3. Há só um Deus (GRUDEM, 1999, pág. 169)

As afirmações acima significa que Deus não é o filho e muito menos o Espírito Santo; assim como o filho não é o Pai e nem o Espírito Santo e consequentemente o Espírito Santo não é nem o Pai e nem o filho; porém cada um deles – Pai, filho e Espírito Santo – são três pessoas distintas, porém um só Deus em essência. Se admitirmos isso, então teremos que admitir que cada pessoa é plenamente Deus.

Além do fato de serem as três pessoas distintas, as Escrituras também dão farto testemunho de que cada pessoa é plenamente Deus. Primeiro, Deus Pai é claramente Deus. Isso se evidencia desde o primeiro versículo da Bíblia, no qual Deus cria o céu e a terra. É evidente em todo o Antigo e Novo Testamento nos quais Deus Pai é retratado nitidamente como Senhor soberano de tudo e onde Jesus ora ao seu celeste.

Também, o filho é plenamente Deus. Podemos mencionar de passagem vários trechos explícitos. João 1.1-4 afirma claramente a plena divindade de Cristo: "No princípio era o verbo, e o verbo estava com Deus, e o verbo era Deus. Ele estava no princípio com Deus. Todas as coisas foram feitas por intermédio dele, e, sem ele, nada do que foi feito se fez. A vida estava nele e a vida era a luz dos homens".

[...] Além disso, o Espírito Santo também é plenamente Deus. Uma vez que entendamos que Deus Pai e Deus Filho são plenamente Deus, então as expressões trinitárias em versículos como Mateus 28.19 "batizando-os em nome do Pai, e do Filho e do Espírito Santo" se revestem de relevância para a doutrina do Espírito Santo, pois mostram que o Espírito Santo está classificado no mesmo nível do Pai e do Filho.

Em Atos 5.3,4 Pedro pergunta a Ananias: "Por que encheu Satanás teu coração, para que mentisses ao Espírito Santo? [...] Não mentiste aos homens, mas a Deus". Segundo as palavras de Pedro, mentir ao Espírito Santo é mentir a Deus (GRUDEM, 1999, pág. 171-173)

Pelas diversas afirmações que encontramos na Bíblia Sagrada, sabemos que há somente um Deus. "As três diferentes pessoas da Trindade são um não apenas em propósito e em concordância no que pensam, mas um em essência, um na sua natureza essencial" (GRUDEM, 1999. pág. 174).

A Bíblia traz ensinamentos explícitos da existência de um único Deus, para isso, devemos consultar, por exemplo, Deuteronômio 6.4,5 no Antigo Testamento. No Novo Testamento, podemos visualizar passagens como as que se seguem: *"Há um Deus somente, há somente um mediador, o homem Cristo Jesus"* (1 Tm 2.5). *"Crês, tu, que Deus é um só? Fazes bem. Até os demônios creem e tremem"* (Tg 2.19).

Como juntar as três verdades bíblicas para assim sustentar a doutrina da Trindade? As pessoas já usaram várias analogias retiradas da natureza ou da experiência humana para tentar explicar essa doutrina. Embora tais analogias sejam úteis num nível elementar de compreensão, todas elas se revelam inadequadas ou ilusórias numa reflexão mais aprofundada (GRUDEM, 1999, pág. 176)

A negação de qualquer uma das questões acima: Deus é três pessoas; cada pessoa é plenamente Deus e só há um Deus, apenas nos trará ensinos heréticos e esses ensinos heréticos devem nos servir de alerta.

Não é correto dizer que não podemos compreender nada da doutrina da Trindade. Certamente podemos compreender e saber que Deus é três pessoas, e que cada pessoa é plenamente Deus, e que só há um Deus

Mas dizer que Deus é três pessoas e só há um Deus não é contradição. É algo que não conseguimos compreender e um mistério ou paradoxo, mas que não nos deve perturbar, pois os diferentes aspectos do mistério são claramente ensinados nas Escrituras: e, como somos criaturas finitas e não a divindade onisciente, sempre haverá (por toda a eternidade) coisas que não compreenderemos por completo (GRUDEM, 1999, pág. 189-190).

Atualmente temos a doutrina da Trindade e das duas naturezas de Jesus Cristo que são amplamente aceitas como verdadeiras, mesmo não sendo bem-entendidas. No entanto, a maioria das crenças falsas, foram à causa do desenvolvimento dessas doutrinas que ainda se encontra em pleno vigor; são aceitas nas seitas e entre os livres-pensadores à margem do cristianismo.

Embora jamais tenhamos condições de compreender plenamente o mistério da Trindade, não devemos perder tempo pensando em uma analogia ou explicar racionalmente essa doutrina para que possamos aceitá-la e ao mesmo tempo refutar argumentos contrários; a postura que devemos adotar é que podemos adorar a Deus pelo que ele é e ponto final.

Jesus, a salvação e o Reino de Deus

Jesus Cristo é a figura central do cristianismo, porque por vontade de Deus Pai, ele encarnou para anunciar a salvação à humanidade inteira, ou seja, para nos reconciliar com Deus; para nos fazer conhecer o seu amor infinito; para ser o nosso modelo de santidade; para nos tornar participantes da natureza divina e, para anunciar as boas novas do Reino de Deus.

O ponto fundamental e indiscutível de uma doutrina religiosa é cristológica; ensina que apenas Jesus é a encarnação do Verbo divino, verdadeiro Deus e verdadeiro homem, messias e principalmente o único salvador da humanidade. Ele é também o filho unigênito de Deus, a segunda pessoa da Santíssima Trindade, o único e verdadeiro sumo sacerdote e mediador entre os homens e Deus Pai (1 Tm 2.5), chegando afirmar que "*Eu sou o Caminho, a Verdade e a Vida. Ninguém vai ao Pai senão por Mim*" (Jo 14. 6).

Jesus nas suas pregações, ao anunciar o Evangelho, ensinou as bem-aventuranças e insistiu sempre "que o Reino de Deus está próximo" (Mt 10.7). Exortou também que quem quisesse fazer parte desse Reino teria de nascer de novo, de se arrepender dos seus pecados, de se converter e purificar.

Jesus ensinava também que o poder, a graça e a misericórdia de Deus era maiores que o pecado e todas as forças do mal, insistindo por isso que o arrependimento sincero dos pecados e a fé em Deus podem salvar os homens.

Acertadamente, a doutrina católica professa que a salvação do homem deve-se, para além da graça divina, ao voluntário sacrifício e paixão de Jesus na cruz. Este supremo sacrifício deve-se à vontade e ao infinito amor de Deus, que quis salvar toda a humanidade. Além disso, é também fundamental para a salvação a adesão livre do crente à fé em Jesus Cristo e aos seus ensinamentos.

Esta fé cristã opera pelo amor, por isso ela obriga os fiéis a converterem-se e a levar uma vida de santificação. Este modo de viver obriga o católico a participar e receber os sacramentos, a "conhecer e fazer a vontade de Deus" e um acréscimo de um elemento estranho e contraditório que as Escrituras Sagradas afirmam ser necessário para a salvação.

A virgem Maria cooperou "para a salvação humana com livre fé e obediência". Pronunciou seu "Fiat" (faça-se) "em representação de toda a natureza humana". Para sua obediência, tornou-se a nova Eva, Mãe dos viventes (Catolicismo da Igreja Católica, 1999, pág. 143).

O falso ensino de que Maria é cooperadora de Cristo na salvação da humanidade, sem dúvida alguma deve ser veementemente negado, repudiado e até mesmo confrontado.

Os escritos sagrados nos informam que somos justificados pela fé, ou seja, somos salvos pela fé. A salvação nesse sentido é algo simples e pode ser resumida pelas palavras de Paulo ao carcereiro de Filipos: *"Crê no Senhor Jesus e te salvarás com tua família"* (Atos 16.31 – Bíblia do Peregrino).

Isto em outras palavras quer dizer que Deus não justifica quem não crê em Jesus. Somos justificados somente pela fé e não pelas nossas obras ou por merecimento. O arrependimento e a fé são exigidos como condição para a justificação e a regeneração, pois Deus só regenera e justifica aquele que renuncia aos seus pecados por meio do arrependimento e abraça o salvador pela fé.

Devemos nos lembrar que a fé é um dom de Deus, pois foi Ele quem nos concedeu. *"Porque pela graça sois salvos, por meio da fé; e isto não vem de vós, é dom de Deus"* (Ef 2.8). Somos salvos não pelo mérito da fé, mas somente pela fé. Não temos mérito por termos fé, pois segundo as palavras acima, até a fé nos foi concedida.

Em momento algum encontramos na Bíblia qualquer alusão de que Maria "cooperou para a salvação humana" conforme o Catecismo da Igreja Católica falsamente indica.

Para sermos salvos e ter nossos pecados perdoados devemos ter em mente que somente Deus pode perdoar nossos pecados e para sermos vistos justos diante de Deus, foi necessário um sacrifício definitivo e puro para essa reconciliação.

Maria de forma alguma fez esse sacrifício, morreu por nossos pecados e muito menos ela é Deus para ser sem mácula servindo como cordeiro pascal que tira os pecados do mundo. Jesus ao contrário de Maria, cumpriu integralmente todos esses requisitos e o seu sacrifício na cruz foi único não havendo mais ser necessário de acréscimos como o catolicismo romano ensina.

Esses acréscimos têm seus motivos: em primeiro lugar para dar margem ao falso ensino que tem por finalidade exaltar a mãe de Jesus e em segundo lugar desmerece não apenas o sacrifício do filho de Deus, como também o desmerece como Deus. Lembram-se da doutrina da Trindade?

Colocar Maria como participadora da redenção da humanidade é acrescentar um novo elemento a essa doutrina; assim teríamos um quaternário e não uma trindade.

Outro engano romanista é constatarmos que eles numa clara contradição com a própria Bíblia, tenta de todas as formas tornarem Maria a nova Eva, mãe de todos os viventes. Esse ridículo ensino pode ser contestado com as passagens abaixo:

1 Coríntios 15.22: *Porque, assim como todos morrem em Adão, assim também todos serão vivificados em Cristo.*

1 Coríntios 15.45: *Assim está também escrito: O primeiro homem, Adão, foi feito em alma vivente; o último Adão em espírito vivificante*

Esses versículos apresenta Jesus como o segundo Adão e esse como representante da humanidade. Observe que o versículo diz que "todos morrem em Adão" e não todos morrem em Eva. Deus criou primeiro Adão e a partir desse criou Eva e não o contrário. Assim como Adão é o representante da humanidade como o primeiro homem, Jesus é o segundo Adão do qual provêm nossa salvação.

A Igreja é uma, santa, católica e apostólica

A igreja católica define-se pelas palavras do Credo Niceno-constantinopolitano, como una, santa, católica e apostólica. Mas o que as palavras una, santa, católica e apostólica realmente significa?

A igreja católica se refere como a única Igreja de Cristo[3]. Isso apenas indica traços essenciais da verdadeira igreja de Cristo e de sua missão. Encontramos alguns indicativos retirados desta mesma obra, as quais descrevemos abaixo:

✓ **Una** – segundo o catecismo romano, "a igreja é uma por sua fonte; [...] por seu fundador; [...] por sua cruz reconciliou todos os homens com Deus, restabelecendo a união de todos em um só povo, em um só corpo; [...] A igreja é uma por sua alma: o Espírito Santo que habita nos crentes, que plenifica e rege toda a Igreja" (página 233).

✓ **Santa** – "A igreja ... é, aos olhos da fé, indefectivelmente santa. Pois Cristo, filho de Deus, que com o Pai e o Espírito Santo, amou a Igreja como sua Esposa. Por ela se entregou com o fim de santificá-la. Uniu-a a si como seu corpo e cumulou-a com o dom do Espírito Santo, para a glória de Deus. A igreja é, portanto, o Povo santo de Deus, e seus membros são chamados santos" (página 237).

✓ **Católica** – "A palavra católico significa universal no sentido de segundo a totalidade ou segundo a integralidade. A Igreja é católica em duplo sentido. Ela é católica porque nela Cristo está presente. Onde está Cristo Jesus, está a Igreja católica. Nela subsiste a plenitude do corpo de Cristo unido a sua cabeça, o que implica que ela recebe dele a plenitude dos meios de salvação que ele quis: confissão de fé correta e completa, vida sacramental integral e ministério ordenado na sucessão apostólica. Neste sentido fundamental, a Igreja era católica no dia de Pentecostes e o será sempre, até o dia da Parusia. Ela é católica porque é enviada em

---

[3] Catecismo da Igreja Católica, página 232, Parágrafo 3, A Igreja é uma, santa, católica e apostólica

missão por Cristo à universalidade do gênero humano" (página 239).

✓ **Apostólica** – "A igreja é apostólica por ser fundada sobre os apóstolos, e isto em um tríplice sentido: - ela foi e continua sendo construída sobre o fundamento dos apóstolos (Ef 2.20), testemunhas escolhidas e enviadas em missão pelo próprio Cristo; - ela conserva e transmite, com a ajuda do Espírito que nela habita, o ensinamento, o depósito precioso, as salutares palavras ouvidas da boca dos apóstolos; - ela continua a ser ensinada, santificada e dirigida pelos apósotlos, até a volta de Cristo, graças aos que a eles sucedem na missão pastoral: o colégio dos bispos, assistido pelos presbíteros, em união com o sucessor de Pedro, pastor supremo da igreja" (páginas 246 e 247).

O que temos a dizer é que a verdadeira Igreja de Cristo tem que ser una, ou seja, ter apenas um único fundador e que transmita fielmente o seu ensino sem acréscimos. Este fundador obrigatoriamente deve ser a base, o alicerce ou fundamento; e não há outro nome que possa ser citado, e esse nome tem que ser Jesus Cristo como alertam as Escrituras: *"Porque ninguém pode colocar outro alicerce além do que já está posto, que é Jesus Cristo (1 Co 3.11, NVI)"*.

A Igreja verdadeira de Cristo, também deve ser santa, porque assim nos ensina 1 Pe 1.16: *"Pois está escrito: Sejam santos porque eu sou santo"*. A igreja deve ser santa, mesmo tendo pecadores em seu meio. Lembrando que a palavra santo, deve ser entendido como separado.

A verdadeira Igreja de Cristo também deve ser católica, ou seja, universal. A sua mensagem de salvação, deve atingir todo o mundo. Marcos 16.15 está escrito: *"E disse-lhes: Ide por todo o mundo, pregai o evangelho a toda criatura"* e finalmente a verdadeira Igreja de Cristo deve ser apostólica, porque ela deve estar fundamentada na doutrina dos Apóstolos, ou seja, está alicercada naquilo que os apóstolos ensinaram e pregaram: Jesus Cristo.

Dentro do entendimento de que a igreja deve ser una, santa, católica, apostólica, o título de igreja católica apostólica romana foge a esse entendimento.

Hernandes Dias Lopes citando Benjamim Scott relata "que não podemos chamar o romanismo de igreja. Ele é um sistema, em que a cabeça e a alma desse sistema são a Roma papal" (LOPES, 2005, pág. 14-15).

Analisando bem a palavra universal que é o mesmo de católica, não se pode de modo algum atribuir ao que o censo comum intitula igreja católica, seria uma contradição, pois se a igreja é católica ou universal, não pode ser igreja romana; se a igreja é romana, de modo algum pode ser católica ou universal, pois é de Roma.

O pastor Silas Malafaia disserta sobre o que é a verdadeira igreja de Cristo:

> O que temos inicialmente a dizer sobre esta afirmação é que nenhuma denominação pode se apresentar como única e exclusiva. A verdadeira Igreja de Cristo é universal e invisível, e constituída por milhares de fiéis, espalhados sobre a face da terra, que adoram ao único Deus e Senhor de todos os povos. Isto porque Deus nos escolheu sem acepção e deixou a porta da salvação aberta para toda a humanidade, bastando que o homem aceite o sacrifício expiatório de Cristo na cruz do Calvário e seja obediente ao primeiro e ao segundo mandamentos, dos quais dependem toda a lei e os profetas, que são: amar a Deus acima de todas as coisas, e ao próximo como a si mesmo (Mt 22.34-40) (MALAFAIA, 2004, pág. 23-23).

Para sabermos se uma igreja é verdadeiramente a Igreja de Cristo, devemos observar os seus fundamentos. Primeiro, se estiver embasado em Jesus Cristo como único Salvador, ela tem grandes indícios de ser uma igreja cristã, porém, se os fundamentos da igreja é Jesus Cristo e mais alguma coisa, ou Jesus Cristo e mais alguém, então, ela já falhou no quisito de ser a Igreja de Cristo.

Segundo, ela deve ocupar-se em evangelizar e proclamar "a mensagem salvadora de Cristo.ao mundo perdido, e defende a verdadeira religião quando se compromete em fortalecer os fracos e a cuidar dos necessitados (MALAFAIA, 2004, pág. 24).

. Além disso, a Igreja, de entre os seus inúmeros nomes, também é conhecida por Corpo de Cristo, Esposa de Cristo e Templo do Espírito Santo.

✓ **Corpo de Cristo** porque a Igreja não é apenas uma simples instituição, mas um corpo místico constituído por Jesus, que é a Cabeça do corpo que é a Igreja, e pelos fiéis, que são membros deste corpo único. Este nome [Jesus] une todos os fiéis independente de denominação que possamos apresentar; são unidos intimamente a Cristo, por meio do Espírito Santo, sobretudo no sacramento da Eucaristia, nesse sentido devemos entender na comunhão do pão e do vinho, ou seja, a Ceia do Senhor. A Igreja Católica acredita que os cristãos não-católicos também pertencem, apesar de um modo imperfeito, ao Corpo Místico, visto que tornaram-se uma parte inseparável d'Ele através do batismo. Ela defende também que muitos elementos de santificação e de verdade estão também presentes nas Igrejas e comunidades cristãs que não estão em plena comunhão com o papa.

✓ **Esposa de Cristo** porque o próprio Cristo assim se definiu o Esposo (Mc 2.19). Ele entregou-se a si mesmo por ela, para a purificar com o seu sangue, e torná-la santa (Ef 5.25, 26) *"Maridos, amai as vossas mulheres, como Cristo também amou a Igreja e se entregou por ela, a fim de santificar pela palavra aquela que ele purifica pelo banho da água. Pois ele quis apresentá-la a si mesmo toda bela, sem mancha nem ruga ou qualquer reparo, mas santa e sem defieto".* (Bíblia Sagrada, tradução da CNBB)

✓ **Templo do Espírito Santo** porque o Espírito Santo reside na Igreja, no corpo místico de Cristo, e estabelece entre os fiéis e Jesus Cristo uma comunhão íntima, tornando-os unidos num só corpo.

Sacramentos

Asssim, o Catecismo da Igreja Católica define sacramento:

> A palavra grega "mysterion" foi traduzida para o latim por dois termos: "mysterium" e "sacramentum". Na interpretação ulterior, o termo "sacramentum" exprime mais o sinal visível da realidade escondida da salvação, indicada pelo termo "mysterium". Neste sentido, Cristo mesmo é o mistério da salvação [...] Pois não existe outro mistério de Deus a não ser Cristo. A obra salvífica de sua humanidade snata e santificante é o sacramento da salvação que se manifesta e age nos sacramentos da igreja (que as igrejas do Oriente denominal também "os snatos mistérios"). Os sete saramentos são os sinais e os instrumentos pelos quais o Espírito Santo difunde a graça de Cristo, que é a Cabeça, na Igreja, que é seu Corpo. A igreja contém, portanto, e comunica a graça invisível que ela significa. É neste sentido analógico que ela é chamada de "sacramento" (Catolicismo da Igreja Católia, 1999, pág. 222-223)

Dentro da profissão de fé do católicismo romano, os sacramentos, que a igreja acredita serem instituídas por Jesus, são gestos e palavras de Cristo que concedem e comunicam a graça santificadora sobre quem os recebe. Sobre os sacramentos,

São Leão Magno diz: "o que era visível no nosso Salvador passou para os seus sacramentos" (CCIC[4]; n. 224, 225 e 229).

Dentro da definição de sacramento, o catecismo nos mostra que ao todo, a igreja católica tem sete sacramentos. Ao celebrá-los, ela alimenta, exprime e fortifica a sua fé de seus membros, sendo por isso os sacramentos uma parte integrante da vida de cada católico e fundamentais para a sua salvação. Daí a grande importância dos sacramentos na liturgia católica. Para fins didáticos, é interessante abordarmos cada um desses sacramentos:

O batismo no catolicismo romano normalmente é ministrado pelo padre e sabemos que esse sacramento é dado a recém-nascidos no intiuito delas deixarem de ser no ponto de vista romanista, pagãos.

---

[4] O Compêndio do Catecismo da Igreja Católica (CCIC) é um resumo do catecismo da igreja católica, sob a forma de perguntas e respostas, publicado pela igreja católica em 2005, e que contém de forma resumida os principais elementos da doutrina e moral católicas. Destina-se a apresentar "de maneira concisa, todos os elementos essenciais e fundamentais da fé da Igreja, de forma a constituir uma espécie de vademecum, que permita às pessoas, aos crentes e não crentes, abraçar, numa visão de conjunto, todo o panorama da fé católica

"O batismo é o sacramento básico: por meio dele a criança entra para a igreja e recebe a graça abençoada" (GAARDNER, HELLERN & NOTAKER, 2010, pág. 199).

Além das criançinhas, o batismo também pode ser dado a convertidos adultos que não tenham sido antes batizados validamente, devendo o batizando ser levado na presença de um sacerdote, para ele passar pelos rituais do sacramento batismal, unção com o Crisma e com o óleo dos catecúmenos[5].

A confissão, penitência ou reconciliação consiste ao fiel declarar seus pecados perante um confessor, normalmente um padre e o recebimento de penitências (tarefas a desempenhar a fim de alcançar a absolvição ou o perdão de Deus).

Na confissão os pecados são relatados a um padre, que concede o perdão (absolvição) ao contrito. Isso não significa que seja o padre quem o está perdoando; ele simplesmente lhe trasmite o perdão de Deus. Para que esse sacramento seja válido, o penitente deve sentir remorso e intenção sincera de não voltar a cometer o pecado.

O padre estipula atos de contrição, que em épocas antigas eram muito severos. Hoje,

---

[5] Na eclesiologia, o catecumenato é a iniciação daqueles que recebem instruções preliminares, em doutrina e moral, a fim de serem admitidos entre os fiéis, conforme Dicionário Aurélio

incluem orações, jejum ou esmolas por caridade (GAARDNER, HELLERN & NOTAKER, 2010, pág. 200)

Eucaristia, outro termo que expressa essa palavra é Comunhão. A eucaristia é o sacramento mais importante da Igreja tanto católica como protestante porque ela relembra e renova o mistério pascal de Cristo; por esse motivo, na igreja católica, recebe também o nome de Santíssimo Sacramento. Porém, a partir daí finalizam os pontos comuns entre católicos e cristãos (comumentes rotulados como evangélicos). Essa diferença é mais bem explicada na obra "O livro das religiões":

> Quando o padre lê as palavras iniciais da eucaristia, faz isso em nome de Jesus, como se o próprio Jesus estivesse presente. A Igreja católica afirma que o pão e o vinho se transformam realmente no sangue e no corpo de Jesus Cristo, e que, portanto, este se encontra em íntima proximidade de nós na eucaristia. A aparência, o odor; e o sabor do pão e do vinho permanecem iguais, mas aquilo que os filósofos denominam "substância" se altera. Essa doutrina é conhecida como transubstanciação (ou seja, "alteração da substância"). A cerimônia da eucaristia proporciona aos crentes a participação no sacrifício de Jesus no Gólgota. Trata-se da cerimônia de um sacrifício, no qual Cristo é oferecido em expiação a Deus pelos pecados. Por essa razão a eucaristia também é chamada de sacrifício da missa. Os que tomam parte nessa

cerimônia recebem a remissão de seus pecados em consequência da morte sacrifial de Jesus (GAARDNER, HELLERN & NOTAKER, 2010, pág. 199).

A Confirmação ou Crisma "costuma ser administrata por um bispo quando a pessoa tem por volta de doze anos e já recebeu uma instrução completa na doutrina da Igreja (GAARDNER, HELLERN & NOTAKER, 2010, pág. 199). Normalmente, essa cerimônia acontece próximo ao dia de Pentecostes onde o ponto alto do acontecimento é a unção com o óleo. "A unção com o santo crisma, óleo perfumado consagrado pelo Bispo, significa o dom do Espírito Santo ao novo batizado. Este tornou-se um cristão... (Catecismo da Igreja Católica, 1999, pág. 346).

> No rito deste sacramento convém considerar o sinal da unção e aquilo que a unção designa e imprime: o selo espiritual.
>
> A unção, no simbolismo bíblico e antigo, é rica de significados: o óleo é sinal de abundância e de alegria, ele purifica (unção antes e depois do banho) e torna ágil (unção dos atletas e dos lutadores), e faz irradiar beleza, saúde e força.
>
> Todos esses significados da unção com óleo voltam a encontrar-se na vida sacramental. A unção, antes do batismo, com o óleo do s

catecúmenos significa purificação e fortalecimento: a unção dos enfermos exprime a cura e o reconforto. A unção com o santo crisma depois do batismo, na confirmação e na ordenação, é o sinal de uma consagração. Pela confirmação, os cristãos, isto é, os que são ungidos, participam mais intensamente da missão de Jesus e da plenitude do Esírito Santo, de que Jesus é cumulado, a fim de que toda a vida deles exale "o bom odor de Cristo" (Catecismo da Igreja Católica, 1999, pág. 358).

O matrimônio é o sacramento que valida, diante de Deus, a união de um homem e uma mulher, constituindo assim uma família. Segundo o cristianismo, com base no Evangelho de Marcos, o casamento é indissolúvel. Só é permitido um segundo casamento no caso da morte de um dos cônjuges ou em situações especiais que pode ser anulado o casamento.

As Ordens Sagradas é realizada por um bispo, é recebida ao entrar para o clero, ou seja, ser ordenado padre, através de orações e da imposição das mãos com o óleo do Crisma e, no rito latino (ou ocidental), envolvem um voto de castidade enquanto que nos ritos orientais, os homens casados são admitidos como padres diocesanos, mas não como bispos ou padres monásticos. A ordenação em si, "concede o direito de administrar os sacramentos da igreja" (GAARDER, HELLERN & NOTAKER, 2010, pág. 200).

O sacramento das Ordens Sagradas é dado em três graus: o do diácono (desde o Concílio Vaticano II, um diácono permanente pode ser casado antes de se tornar diácono), o de sacerdote e o de bispo.

A Unção dos enfermos era conhecida como "extrema unção" ou "último sacramento". Envolve a unção de um doente com um óleo sagrado dos enfermos, abençoado especificamente para esse fim. Já não está limitada aos doentes graves e aos moribundos, mas a igreja recomenda esse sacramento e o viático[6] para a hora da morte.

> O sacramento da Unção dos Enfermos tem por finalidade conferir uma graça especial ao cristão que está passando pelas dificuldades inerents ao estado de enermidade grade ou de velhice. O tempo oportuno para receber a sagrada unção é certamente aquele em que o fiel começa a encontrar-se em perigo de morte devido à doença ou à velhice.

---

[6] Viático é o nome apresentado pela igreja católica para a comunhão eucarística dada àqueles que estão prestes a morrer. A palavra viático vem do latim viaticum (de via, caminho), com o significado de provisão para o caminho

Cada vez que um cristão cair gravemente enfermo pode receber a sagrada unção. Da mesma forma, pode recebê-la novamente se a doença se agravar.

Só os saerdotes (bispos e presbíteros) podem administrar o sacramento da unção dos enfermos; para conferi-lo, empregam óleo consagrado pelo Bispo ou, em caso de necessidade, pelo próprio presbítero celebrante.

O essencial da celebração deste sacramento consiste na unção da fronte e das mãos do doente (no rito romano) ou de outras partes do corpo (no Oriente), unção acompanhada da oração litúrgica do presbítero celebrante, que pede a graça especial deste sacramento (Catecismo da Igreja Católica, 1999, pág. 419)

Apresentaremos argumentos sobre alguns dos sacramentos instituídos pelo catolicismo que julgamos pertinente. O primeiro deles é o batismo. Existem vários textos nas Cartas dos Apóstolos que nos dão indicações e ensinos sobre o batismo.

A maioria delas fala sobre as realidades espirituais que estão associadas ao batismo, dizendo exatamente o que é o batismo (I Pe 3.21; Hb 6.1-20; Ef 4.4,5; Rm 6.3,4).

Paulo nos alerta em duas verdades: a primeira, é que eles haviam sido batizados em Cristo (a essência do batismo) e a segunda, é que talvez tivessem se esquecido de que como consequência, estavam mortos com Cristo, e logo após ressurretos também em Cristo.

O batismo simplesmente apresenta através do símbolo visível, a morte, o sepultamento e a ressurreição de Cristo, como também nossa morte para com a antiga vida de pecado, nosso sepultamento na semelhança de sua morte e nossa ressurreição para andarmos com ele em vida nova.

Quem deve ser batizado?

O romanismo ensina que quem pode receber o batismo é todo aquele que "é capaz de receber o batismo toda pessoa ainda não batizada, e somente ela" (Catecismo da Igreja Católica, 1999, pág. 347), porém, o modelo revelado em vários textos do Novo Testamento mostra que somente os que fazem uma profissão de fé digna de crédito devem ser batizados.

Essa posição é chamada batismo de convertidos, já que defende que somente os que creram em Cristo (ou, mais especificamente, os que deram provas razoáveis de terem crido em Cristo) devem ser batizados.

A razão disso é que o batismo é um símbolo do início da vida cristã, deve ser ministrado apenas aos que de fato iniciaram a vida cristã.

A igreja católica romana ensina que o batismo deve ser ministrado às crianças. A razão disso é que o catolicismo romano crê que o batismo é necessário para a salvação e que o ato do batismo em si traz regeneração. Portanto, nessa posição, o batismo é um meio pelo qual a igreja confere graça. E, tratando-se de um canal de graça salvífica, deve ser ministrado a todos.

Quanto à posição da igreja católica de que o batismo confere graça separadamente da disposição subjetiva do batizado ou do ministro (posição coerente com as crianças batizadas que não exercem fé por si mesmas), precisamos reconhecer que não existe nenhum exemplo em todo Novo Testamento que comprove este ponto de vista e nem há testemunho algum (neotestamentário) que indique isso.

Pelo contrário, as narrativas falam dos que foram batizados indicam que eles primeiro chegaram à fé salvadora. E quando há declarações doutrinárias sobre o batismo, essas também indicam a necessidade da fé salvadora.

O argumento católico de que o batismo é necessário para a salvação é muito semelhante ao argumento dos opositores de Paulo na Galácia que afirmavam que a circuncisão era necessária para a salvação. A resposta de Paulo é que os que exigem a circuncisão estão pregando outro evangelho (Gl 2.10).

O mesmo podemos dizer hoje sobre a igreja católica quando ensinam que o batismo é necessário para a salvação.

Em Atos 2.37-38 encontramos uma cena quando Pedro estava pregando, e os judeus foram tocados pelo espírito de

Deus e eles perguntaram dizendo: "Que *devemos fazer, irmãos?*" A reposta: "*Pedro lhes respondeu: Arrependei-vos, e cada um de vós seja batizado em nome de Jesus Cristo para remissão dos vossos pecados e recebereis o dom do Espírito Santo*" (Bíblia Sagrada Ave-Maria- 2010).

Isto quer dizer que uma pessoa para ser batizada, primeiro tem que se arrepender. E a minha pergunta é: uma criança de alguns meses de idade pode se arrepender? De que vai se arrepender? Por ventura, terá ela consciência de todos os atos praticados?

O batismo bíblico, autêntico e verdadeiro, pelas características que acabamos de ver pela Bíblia é a pessoa antes de ser batizada, precisa ser ensinada, tem que crer e tem que se arrepender. Portanto, uma criancinha de alguns dias ou meses não pode ser ensinada, nem crer e nem se arrepender. Então, como pode ser ela batizada quando as Escrituras Sagradas ensinam ao contrário?

A posição do catolicismo é que a "igreja ministra o batismo para a remissão dos pecados mesmo às crianças que não cometeram pecado pessoal" (Catecismo da Igreja Católica, 1999, pág. 114).

Na página 348 o Catequismo romano apresenta o argumento abaixo transcrito:

> Por nascerem com uma natureza humana decaída e manchada pelo pecado original, também as crianças precisam do novo nascimento no Batismo, a fim de serem libertadas do poder das trevas e serem transferidas para o domínio da liberdade dos filhos de Deus, para a qual todos os homens são chamados. A gratuidade pura da graça da salvação é particularmente manifesta no Batismo das crianças.
>
> [...] A prática de batizar as crianças é uma tradição imemorial da igreja. É atestada explicitamente desde o século II. Mas é bem possível que desde o início da pregação apostólica, quando "casas" inteiras receberam o Batismo, também se tenha batizada as crianças.

Com as próprias palavras desse catecismo *"A prática de batizar as crianças é uma tradição"*. Tradição não é ensinamento que tem fundamentos sólidos, é aquilo que se crê ser uma verdade e é passada oralmente. Notem que até o século II, ou seja, após o ano 300 d.C. é que a igreja católica romana passou a batizar crianças.

Embora as crianças não possam exercer fé salvadora por si mesma, a igreja católica ensina que o batismo de crianças é valido. A fé não precisa estar presente, pois é substituída pela fé da Igreja.

O único argumento que podemos apresentar é que a Bíblia não registra caso de batismos de crianças e não há o que questionar e nem acrescentar. A fé é individual e traz eficácia pela salvação individualmente e não através da citada fé da igreja.

Os ensinamentos católicos de que o batismo é necessário para a salvação, de que o ato do batismo em si confere graça salvadora e de que o batismo é corretamente ministrado a crianças, não são convincentes e sim contrários, segundo os ensinos do Novo Testamento, isso, segundo as palavras do apóstolo Paulo, é pregar um outro evangelho.

Confissão dos pecados e penitência

Sobre a confissão dos pecados e a penitência ou reconciliação, do tão citado Catecismo da Igreja Católica, podemos ler o seguinte:

> A declaração dos pecados ao sacerdote constitui uma parte essencial do sacramento da penitência: "Os penitentes devem, na confissão, enumerar todos os pecados mortais de que têm consciência depois de examinar-se seriamente, mesmo que esses pecados sejam muito secretos e tenham sido cometidos somente contra os dois últimos preceitos do decálogo, pois às vezes, esses pecados ferem gravemente a alma e são mais prejudiciais do que os outros que foram cometidos à vista e conhecimento de todos.

> [...] Conforme o mandamento da Igreja, todo fiel, depois de ter chegado a idade da discrição, é obrigado a confessar seus pecados graves, dos quais tem consciência, pelo menos uma vez por ano. Aquele que tem consciência de ter cometido um pecado mortal não deve receber a Sagrada Comunhão, mesmo que esteja profundamente contrito, sem receber previamente a absolvição sacramental, a menos que tenha um motivo grave para comungar e lhe seja impossível chegar a um confessor (Catecismo da Igreja Católica, 1999, pág.401)

O catolicismo ensina que devemos procurar um confessor, relatar nossos pecados e receber a absolvição. Porém, os católicos romanos procuram erroneamente como confessor, um sacerdote da igreja para receber a absolvição de seus pecados.

Absolver é perdoar e a pergunta é: quem pode perdoar? A resposta encontramos nas Sagradas Escrituas em Marcos 2.7b que diz: *"Quem pode perdoar pecados, a não ser Deus?"*. (Bíblia de Jerusalém, 2011). Até mesmos os escribas e fariseus sabiam disso, confira em Lucas 5.21.

Jesus nos ensinou em Marcos 11.25,26 que quando estivermos orando, devemos perdoar para que Deus, perdoe as nossas ofensas e sem seguida nos adverte: *"E quando estiverdes de pé orando, se tendes algo contra alguém, perdoai, para que vosso Pai que está nos céus também vos perdoe vossas faltas"* (Bíblia – Tradução Ecumênica, Edições Loyola, 1994).

Efésios 4.32 *"Antes sede uns para com os outros benignos, misericordiosos, perdoando-vos uns aos outros, como também Deus vos perdoou em Cristo"* e Colossenses 3.13 *"Suportando-vos uns aos outros, e perdoando-vos uns aos outros, se alguém tiver queixa contra outro; assim como Cristo vos perdoou, assim fazei vós também"*.

Esses são ensinamentos preciosos sobre perdão dos pecados, mas nada dizem sobre procurar um confessor dentro de uma igreja construída por mãos humanas e receber a absolvição desse. De certa forma, esses confessores estão designando para si, uma função exclusivamente realizada por Deus.

O Crisma

A confirmação ou crisma é a confirmação do batismo e consolida a graça batismal conforme ensinamentos do catolicismo (Catecismo da Igreja Católica, página 357). No rito desse sacramento, conforme está escrito na página 358:

> Convém considerar o sinal da unção e aquilo que a unção designa e imprime: o selo espiritual. A unção, no simbolismo bíblico e antigo, é rica de significados: o óleo é sinal de abundância e de alegria, ele purifica (unção antes de depois do banho) e torna ágil (unção dos atletas e dos lutadores), é sinal de cura, pois ameniza as contusões e as feridas, e faz irradiar beleza, saúde e força. [...] A unção com o santo crisma depois do batismo, na confirmação, os cristãos, isto é, os que são ungidos, participam mais intensamente da missão de Jesus e da plenitude do Espírito Santo, de que Jesus é cumulado, a fim de que toda a vida deles exale 'o bom odor de Cristo'.

A posição do catolicismo é que a *"igreja ministra o batismo para a remissão dos pecados"* (Catecismo da Igreja Católica, página 114). Remissão é o ato de remitir, de perdoar. Ato ou efeito de remir, de alcançar perdão, de perdoar, quitação, alcançar com penitências a remissão (ou remição) de seus pecados (Grande Enciclopédia Larousse Cultural, volume 20, página 4983).

Também nessa mesma enciclopédia podemos ler que remir é resgatar, libertar do cativeiro, do poder do inimigo. Em teologia, salvar, remir os seus pecados. O crisma é a confirmação do batismo, por que isso? Por que confirmar algo que foi realizado?

A explicação é algo que podemos fazer uma analogia em nossos atos: se você precisa confirmar alguma que foi feita, é porque o que foi feito não tem validade legal ou deixou dúvidas.

Assim sendo, por que o catolicismo romano precisa confirmar um batismo é porque eles sabem, mas não deixam que os fiéis percebam que o princípio bíblico é que para um batismo ser válido, primeiro precisa haver entendimento de quem está sendo batizado, e nós sabemos muito bem que uma criança com pouco tempo de vida não tem.

Então, persiste ainda a pergunta, por que eles (aqueles que representam a fé católica romana) não fazem o que é certo, reconhecendo esse engano do romanismo e passem a fazer a coisa direita. Será que eles têm medo de perder alguns membros ou acham que a fé deles diminuíram por causa desse pequeno (porém grande) erro?

Creio que o erro maior será persistir enganando aqueles que não compreendem ainda o princípio ensinado pela Bíblia Sagrada.

Vimos também que para o catolicismo romano, o batismo tem o efeito de remir os pecados, então o que representou o ato salvífico de Cristo no Gólgota para a igreja católica romana?

Pelo visto, no ponto de vista da igreja católica, não teve valia alguma. É triste escrever isso e caso o leitor ainda não concorde com essas duras palavras, transcreveremos abaixo o significado da palavra remir segundo o dicionário Aurélio:

> Do lat. redimere, 'adquirir de novo', por via popular.]
> V. t. d.
> 1. Adquirir de novo.
> 2. Tirar do cativeiro, do poder alheio; resgatar
> 3. Indenizar, compensar, reparar, ressarcir
> 4. Livrar das penas do Inferno; salvar:
> 5. Fazer esquecer; expiar, pagar
> 6. Libertar (uma propriedade) de um ônus, pagando a importância dela.
> V. t. d. e i.
> 7. Livrar, libertar, resgatar:
> V. p.
> 8. Livrar-se do cativeiro; resgatar-se:
> 9. Recuperar-se de uma falta; reabilitar-se
> 10. Livrar-se de uma situação arriscada

Negar Cristo não é uma coisa nova; por exemplo, o que dizer sobre a exposição de Pedro no sinédrio quando lançou lhes no rosto a culpa pela morte de Jesus, aquelas autoridades não puderam se conter em seus assentos ao ouvirem a mais contundente afirmação do galileu: *"E em nenhum outro há salvação; porque debaixo do céu nenhum outro nome há, dado entre os homens, em que devamos ser salvos"* (At 4.12).

Se a ideia da salvação por intermédio do simples batismo como a igreja católica romana quer e não é através da fé em um nome e também na aceitação de um único e verdadeiro salvador, Jesus Cristo.

Para os membros daquele sinédrio, a declaração de Pedro atingiu em cheio o sistema religioso judaico que exaltava o esforço humano no cumprimento da Lei, o que dizer então, se esse nome que traz a verdadeira salvação, apontasse para alguém tido como impostor e que houvesse sofrido a mais vil de todas as punições capitais?

No modo de pensar daquele sinédrio é compreensível, pois o excesso de zelo os privou de enxergar a verdade quando ela estava diante de seus olhos. Fez que seus corações se fechassem para a porta e o caminho que eles tanto ansiavam, mas hoje, com todo o conhecimento, mesmo que mínimo, conhecemos a história e sabemos que eles estavam equivocados ao rejeitarem a salvação [Jesus].

Por que então, muitos ainda hoje distorcem as Escrituras e criam uma doutrina antibíblica pregando o que vai contra a própria Escritura, afirmando que é isso que as Escrituras ensinam?

Unção dos enfermos

A unção dos enfermos ou extrema unção como é mais conhecido, é um sacramento especialmente destinado a reconfortar aqueles que são provados pela enfermidade, conforme diz o Catecismo da Igreja Católica, página 415. "Esta unção sagrada dos enfermos foi instituída por Cristo nosso Senhor como um sacramento do Novo Testamento, verdadeira e propriamente dito, insinuado por Marcos, mas recomendado aos fiéis e promulgado por Tiago, Apóstolo e irmão do Senhor".

Não deixa de ser importante frisar, que quando se trata em defender a virgindade de Maria, o catolicismo nega que Tiago seja irmão de Jesus, usam como defesa que era um parente próximo e de acordo com os costumes da época, ele poderia ser chamado irmão de Jesus. Mas em se tratando de se aplicar a extra-unção, é muito conveniente que eles (o catolicismo romano) admita que Tiago é apóstolo e o irmão do Senhor. Essa conveniencia pode ser expressa em três palavras: jogo de interesse.

Os protestantes, dentro do conceito romanista, também administra a unção aos enfermos e não a extrema unção aos enfermos. A administração da unção é desprovida de ritualística, é firmemente baseado nos ensinos bíblicos que devemos orar uns pelos outros e pedir em nome de Jesus, o alívio, a cura.

Devemos entender que o Evangelho é simples e não traz fórmulas mirabolantes. Basta orarmos, pedir em nome de Jesus, crer no que se está pedindo, e deixar Deus agir, ou fazer o resto, pois devemos entender que a última palavra é de Deus e não nossa.

Cinco mandamentos da igreja católica

Os cinco mandamentos ou preceitos da Igreja Católica (não confundir com os Dez Mandamentos da Lei de Deus), na sua forma atual, foram promulgados em 2005 pelo papa Bento XVI, quando suprimiu o termo "dízimos" do quinto mandamento (pagar dízimos conforme o costume), cujo sentido real era, obviamente, uma contribuição segundo as possibilidades de cada um, e não uma taxação ou imposto sobre os rendimentos.

Os cinco mandamentos ou preceitos são:

1 - Participar da missa, aos domingos e festas de guarda e abster-se de trabalhos e atividades que impeçam a santificação desses dias. Os dias santos de guarda ou preceito que podem não ser no domingo são dez:

- 01 de Janeiro - Solenidade de Santa Maria, mãe de Deus;
- 06 de Janeiro - Epifania
- 19 de Março - Solenidade de São José

- Ascensão de Jesus (data variável - quinta-feira da sexta semana da Páscoa)
- Corpus Christi (data variável - 1ª quinta-feira após o domingo da Santíssima Trindade)
- 29 de Junho - Solenidade dos Apóstolos São Pedro e São Paulo.
- 15 de Agosto - Assunção de Maria
- 01 de Novembro - Dia de todos os santos
- 08 de Dezembro - Imaculada Conceição de Maria
- 25 de Dezembro - Natal

2 - Confessar os pecados ao menos uma vez por ano.

3 - Comungar o sacramento da Eucaristia ao menos pela Páscoa.

4 - Guardar a abstinência e jejuar nos dias determinados pela Igreja:

- Dias de jejum: Quarta-feira de Cinzas e Sexta-feira Santa
- Dias de abstinência de carne ou de qualquer outra comida determinada pela conferência episcopal: todas as sextas-feiras, principalmente as da

Quaresma, a não ser que uma solenidade seja numa sexta-feira.

5 - Contribuir para as necessidades materiais da Igreja, segundo as possibilidades.

Com relação ao apresentado, temos pequenas observações a considerar:

1 – É ensinado que se deve participar da missa, aos domingos e festas de guarda e abster-se de trabalhos e atividades que impeçam a santificação desses dias. A Bíblia porém nos incita nos santificar todos os dias de nossas vidas e produzir frutos do espírito.

2 – É também é ensinado que se deve confessar os pecados ao menos uma vez cada ano, porém a Bíblia nos ensina a nos arrependermos de todos os nossos pecados e o confessarmos todos a Deus e não ao menos uma vez por ano, mas todos os dias de nossa vida.

3 – É ensinado que se deve comungar o sacramento da Eucaristia ao menos pela Páscoa. Jesus no ensinou que devemos

comungar o sacramento da Eucarístia em memória dele; essa ênfase do catolicismo de ao menos pela Páscoa, leva ao entendimento errôneo de que o ato comungar, ou melhor dizendo, de participar da ceia do Senhor no período de Páscoa é especial e ou diferente do restante dos outros domingos. Os judeus comemoram a Páscoa uma vez por ano e prática comum católica é que os seus fiéis participem da ceia do Senhor todos os domingos.

Relembremos o significado da páscoa. Páscoa em hebraico, pesah, vem de um verbo que significa "passar por cima" no sentido de "poupar". Parece não haver outra coisa para condenar o ponto de vista que Deus simples e literalmente passou por cima das casas israelitas protegidas pelo sangue, ao mesmo tempo em que feriu os egípcios.

A partir de Jesus, essa celebração foi substituída pela Ceia do Senhor, com o pão e o vinho ou mesmo pão e suco de uva (como quase toda a totalidade dos protestantes comemoram), em sua memória.

Confundir a páscoa com ceia cristã é comum no meio cristão, principalmente onde não têm o estudo bíblico como ênfase. Jesus participou da páscoa conforme a lei mosaica.

Entretanto, ele ordenou não a páscoa com ritualística da tradição judaica, mas uma ceia em sua memória.

Lucas diz em seu evangelho: *"E tomando o pão e havendo dado graças, partiu-o e deu-lho, dizendo: Isto é o meu corpo, que por vós é dado; fazei isso em memória de mim"* (22.19).

A ênfase está na palavra "em memória de mim", ou seja, isso nos remete a um memorial. Memorial é um acontecimento importante, um ato que faz recordar um momento histórico. Jesus introduziu a ceia como memorial porque ele, a partir daquele momento, seria o cordeiro imolado. Seria ele próprio a páscoa e ninguém mais precisaria sacrificar um animal e executar toda aquela ritualística exigida.

4 – É ensinado que deve-se guardar a abstinência e jejuar nos dias determinados pela Igreja (quarta-feira de cinzas, todas as sextas da quaresma e a sexta-feira santa). Isso nada mais é do que regras impostas por seres humanos. Chega até certo ponto parecer com o farisaísmo, é mostrar-se exteriormente.

Devemos abstermos dos pecados, dos desejos da carne; devemos jejuar para nos santificar para o Senhor com entendimento e razão, não apenas em três datas específicas.

Também, devemos nos cuidar de cair no erro de querer demonstrar que estamos jejuando para parecer mais santos e graças a Deus, esse entendimento católicos e protestantes em quase sua totalidade estão em concordância.

5 – É ensinado que deve-se contribuir para as necessidades materiais da Igreja, segundo as possibilidades. Essa contribuição às necessidades materiais da igreja, hoje é suprida pelos dízimos e ofertas.

Os dízimos e as ofertas são bíblicos, são os recursos de Deus para a expansão de seu reino na terra. Dízimo não é lei. O difícil não é sermos dizimistas, mas sim Deus receber, acolher o nosso dízimo e nossa oferta, como tributo ao seu nome.

Não podemos nos esquecer de que há princípios, critérios da parte de Deus, para que Ele aceite nossas contribuições:

1) O primeiro princípio que devemos ressaltar, é que a Palavra de Deus nos ensina a contribuir com planejamento, ou seja, com consciência. Temos este ensinamento em 2 Coríntios 9.7 que diz: *"Cada um contribua segundo propôs*

no seu coração; não com tristeza, nem por constrangimento; porque Deus ama ao que dá com alegria".

2) Um segundo princípio, é que Deus espera que a nossa contribuição seja proporcional aos nossos ganhos. Encontramos esta lição em 1 Coríntios 16.2,3: *"No primeiro dia da semana cada um de vós ponha de parte o que puder, conforme tiver prosperado, guardando-o, para que se não façam coletas quando eu chegar".*

Provérbios 3.9 está escrito: "*Honra ao Senhor com os teus bens, e com as primícias de toda a tua renda*".

Malaquias 3.10,11: "*Trazei todos os dízimos à casa do tesouro, para que haja mantimento na minha casa, e depois fazei prova de mim, diz o Senhor dos exércitos, se eu não vos abrir as janelas do céu, e não derramar sobre vós tal bênção, que dela vos advenha a maior abastança. Também por amor de vós reprovarei o devorador, e ele não destruirá os frutos da vossa terra; nem a vossa vide no campo lançará o seu fruto antes do tempo, diz o Senhor dos exércitos*".

Estrutura e cargos

A igreja católica tem uma estrutura altamente hierarquizada, sendo o seu chefe o papa. A expressão "Santa Sé" significa o conjunto do papa e dos dicastérios[7] da Cúria Romana[8], que o ajudam no governo de toda a Igreja.

A Igreja tem uma estrutura hierárquica de títulos que são, em ordem descendente:

✓ Papa, segundo a visão católica romana, é o Sumo Pontífice e chefe da igreja, o guardador da integridade e totalidade do depósito da fé, o Vigário de Cristo na terra, o Bispo de Roma e o possuidor do pastoreio de todos os cristãos, concedido por Jesus Cristo a Pedro e, consequentemente, a todos os papas. Esta autoridade papal (Jurisdição Universal)

---

[7] Nome dado para os departamentos do governo da igreja católica que compõem a Cúria Romana. Entre os dicastérios estão: a Secretaria de Estado, as congregações, os tribunais eclesiásticos, conselhos, ofícios, comissões e comitês. O papa delega a cada dicastério uma função do governo

[8] Órgão administrativo da Santa Sé, constituído pelas autoridades que coordenam e organizam o funcionamento da igreja católica. É geralmente visto como o governo da Igreja. *Curia* no latim medieval significa "corte" no

vem da fé de que ele é o sucessor direto do apóstolo Pedro. Na Igreja latina e em algumas das igrejas orientais, só o papa pode designar os membros da hierarquia da igreja acima do nível de presbítero. Aos papas atribui-se infalibilidade, desde o Concílio Vaticano I, em 1870. Por essa prerrogativa, as decisões papais em questões de fé e costumes (moral) são infalíveis. Todos os membros da hierarquia respondem perante o papa e a sua corte papal, chamada de Cúria Romana.

✓ Cardeais são os conselheiros e os colaboradores mais íntimos do papa, sendo todos eles bispos (alguns só são titulares). Aliás, o próprio papa é eleito, de forma vitalícia (a abdicação é rara, porque já não acontecia desde a Idade Média) pelo Colégio dos Cardeais. A cada cardeal é atribuída uma igreja ou capela (e daí a classificação em cardeal-bispo, cardeal-presbítero e cardeal-diácono) em Roma para fazer dele membro do clero da cidade. Muitos dos cardeais servem na

---

sentido de "corte real", pelo que a Cúria Romana é a corte papal, que assiste

Cúria, que assiste o papa na administração da igreja. Todos os cardeais que não são residentes em Roma são bispos diocesanos.

✓ Patriarcas são normalmente títulos possuídos por alguns líderes das Igrejas Católicas Orientais sui juris[9]. Estes patriarcas orientais, que ao todo são seis, são eleitos pelos seus respectivos Sínodos e depois reconhecidos pelo papa. Mas alguns dos grandes prelados da Igreja Latina, como o Patriarca de Lisboa e o Patriarca de Veneza, receberam também o título de Patriarca, apesar de ser apenas honorífico e não lhes conferirem poderes adicionais.

✓ Arcebispos (Metropolita ou Titular) são bispos que, na maioria dos casos, estão à frente das arquidioceses. Se a sua arquidiocese for a sede de uma província eclesiástica, eles normalmente têm também poderes de supervisão e jurisdição limitada

---

o papa nas suas funções

[9] As Igrejas particulares sui juris ou sui iuris são todas as igrejas particulares autônomas que estão em comunhão completa com o papa

sobre as dioceses (chamadas sufragâneas) que fazem parte da respectiva província eclesiástica

✓ Bispos (Diocesano, Titular e Emérito) na visão romanista, são os sucessores diretos dos doze Apóstolos. Receberam o sacramento da Ordem, o que lhe confere, na maioria dos casos, jurisdição completa sobre os fiéis da sua diocese.

✓ Presbíteros ou Padres são os colaboradores dos bispos e só têm um nível de jurisdição parcial sobre os fiéis. Alguns deles lideram as paróquias da sua diocese.

✓ Monsenhor é um título honorário para um presbítero, que não dá quaisquer poderes sacramentais adicionais.

✓ Diáconos são os auxiliares dos presbíteros e bispos e possuem o primeiro grau do Sacramento da Ordem. São ordenados não para o sacerdócio, mas para o serviço da caridade, da proclamação da Palavra de

Deus e da liturgia. Apesar disso, eles não consagram a hóstia (parte central da missa) e não administram a Unção dos enfermos e a Reconciliação.

Existem ainda funções menores: Leitor, Ministro extraordinário da comunhão eucarística, Ministro da Palavra e Acólito[10]. Estas funções tomados em conjunto não fazem parte do clero, pois são conferidas aos leigos, uma vez que, para entrar para o sacerdócio, é preciso ao católico receber o sacramento da Ordem.

Desde o Concílio Vaticano II, os leigos tornaram-se cada vez mais importantes no seio da vida eclesial e gozam de igualdade em relação ao clero, em termos de dignidade, mas não de funções.

---

10 Acólito é um membro da igreja católica instituído para auxiliar o diácono e o sacerdote nas ações litúrgicas, sobretudo na celebração da missa. É sua função, também, cuidar do altar e, com o ministro extraordinário da comunhão, distribuir a sagrada Comunhão. Além disso, em circunstâncias extraordinárias, pode ser encarregado de expor e repor a Sagrada Eucaristia para a adoração pública dos fiéis, mas não dar a Bênção do Santíssimo.

Culto e prece

Na igreja católica, além do culto de adoração a Deus (latria[11]), existe também o culto de veneração aos santos (dulia[12]) e à virgem Maria (hiperdulia[13]). Desses cultos, a latria mais importante, são muito diferentes, mas ambos são expressos através da liturgia, que é o culto oficial e público da Igreja, e também através da piedade popular[14], que é o culto privado dos fiéis.

---

[11] Latria é um termo teológico utilizado pelas igrejas católica e ortodoxa que significa o culto de adoração devida e dada somente a Deus, ou seja, à Santíssima Trindade

[12] Dulia (significa "honrar"), é um termo teológico que significa a honra e culto de veneração devotados aos santos

[13] Hiperdulia é um termo teológico utilizado pelas igrejas católica e ortodoxa que significa a honra e o culto de veneração especial devotados a virgem Maria. Este culto é feito através da liturgia, que é o culto oficial e obrigatório da igreja católica, e também, em maior intensidade, através da piedade popular, que é o culto católico privado. No campo da piedade popular, destacam-se as devoções feitas à virgem Maria, como por exemplo o Santo Rosário, o Angelus, o Imaculado Coração de Maria, a peregrinação aos lugares onde Maria apareceu, as procissões, etc. A hiperdulia, que está inserido na dulia, diferencia-se da latria, que é o culto de adoração prestado e dirigido unicamente a Deus

[14] A piedade popular refere-se às mais variadas práticas e expressões católicas "de culto privado (pessoal ou comunitário) prestado a Deus, aos santos, às coisas santas" e à virgem Maria. Este tipo de culto católico foi-se desenvolvendo ao longo dos tempos, à margem da Igreja oficial, por isso está muitas vezes associado ao chamado catolicismo popular. Mais

As principais devoções católicas são expressas em "fórmulas de orações" a Deus (Pai, Filho e Espírito Santo), à virgem Maria e aos santos (novenas, trezena, Santo Rosário...); em "peregrinações aos lugares sagrados"; na veneração de medalhas, estátuas, relíquias e imagens sagradas e bentas de Cristo, dos santos e da virgem Maria; em procissões; e em outros "costumes populares".

No entanto, a Bíblia nos exorta orar a Deus conforme Mateus 6.5-8: *"E, quando orares, não sejas como os hipócritas; pois se comprazem em orar em pé nas sinagogas, e às esquinas das ruas, para serem vistos pelos homens. Em verdade vos digo que já receberam o seu galardão. Mas tu, quando orares, entra no teu aposento e, fechando a tua porta, ora a teu Pai que está em secreto; e teu Pai, que vê em secreto, te recompensará publicamente. E, orando, não useis de vãs repetições, como os gentios, que pensam que por muito falarem serão ouvidos não vos assemelheis, pois, a eles; porque vosso Pai sabe o que vos é necessário, antes de vós lho pedirdes"*.

O que esses versículos querem nos ensinar? Simplesmente eles querem nos ensinar que devemos orar

---

concretamente, a piedade popular é o resultado da fé e "da cultura de um somente a Deus, isso quer dizer que orar à virgem Maria e aos santos, anjos, etc. fazendo novenas, não tem respaldo bíblico. Atentem que Jesus nos ensinou orar somente ao Pai.

Relativo a venerar estátuas, relíquias e imagens sagradas e bentas, também não encontramos recomendação para essa prática, pois aqueles que assim fazem, *"já receberam o seu galardão"*.

Por outro lado, o Catecismo da igreja católica nos ensina que Jesus nos apresenta um modelo de oração, isso também nos mostra que não há nada de errado em repetir uma oração enquanto voce procura ter aquela intimidade com Deus e chegar ao ponto de fazer sua oração.

Devemos nos atentar e não cair no erro de ficar apenas nas repetições de orações por mais bem formuladas que elas sejam, pois isso pode nos levar a fazer apenas repetições e se transformar em repetições de palavras vagas.

De alguma forma, Jesus está simplesmente dizendo que a oração deve expressar um desejo sincero de nosso coração, não apenas um monte de palavras repetidas diversas e diversas vezes, como acontece no terço, por exemplo.

---

povo ou grupo social"

Devemos ter em mente que Deus não se impressiona com palavras, mas com o verdadeiro clamor de um coração necessitado.

Muitos questionam o significado dessa afirmação de Jesus: *"vosso Pai sabe o que vos é necessário, antes de vós lho pedirdes"*. As pessoas perguntam por que então devemos orar se antes mesmo de nós pensarmos em pedir, Deus já sabe. Vale lembrar também que a oração não é uma tentativa do homem de mudar a vontade de Deus.

O método que Deus usa para mudar nossa vontade é fazer com que ela se torne semelhante à dele. Mais do que mudar alguma coisa, a oração muda as pessoas. Oração não é para nos sintonizar com a vontade divina, mas para que Deus nos ajude a obedecer-lhe.

A oração de um verdadeiro cristão é uma atitude de total confiança e conformidade aos planos e propósitos de Deus e não a veneração as estátuas, a virgem Maria ou a qualquer santo.

Veneração às estátuas no catolicismo

No século VIII, citando aqui, Roger Olson, devido a grande controvérsia iconoclasta que se acha a resolução de um concílio ecumênico que "completou o processo da tradição autoritária da ortodoxia oriental em 787", fez a declaração de "que imagens santas – ícones – não devem ser rejeitadas, mas, de fato, usadas no culto cristão". Olson, na História da teologia cristã relata sobre o fato:

> Os ícones são simplesmente imagens de Cristo e dos santos usados como pontos centrais de meditação e oração no culto. No culto e devoção da igreja, eles desempenham papel crucial de "janelas para o céu" que os fiéis usam como ponto de contato ao orar a Trindade ou aos santos.
>
> Os santos são considerados simplesmente intercessores acessíveis – parte da grande "nuvem de testemunhas" no céu – que levam a Deus as petições dos cristãos viventes. Os ícones nunca foram considerados ídolos pelos teólogos ortodoxos orientais ou católicos romanos.
>
> Nunca foram adorados, pois tal prática sempre foi rigorosamente proibida por essas tradições. Entretanto, desde os tempos antigos, as imagens são usadas para ajudar na oração, no culto e na

devoção. Já no século VI no Oriente, os ícones foram usados como "livros para os analfabetos".

[...] No início do século VIII, Constantinopla e outras cidades cristãs do império bizantino estavam repletas de ícones. A iconografia era uma indústria importante, especialmente entre os monges. Cada lar e cada igreja possuía diferentes e talvez muitos ícones esmerados diante dos quais os fiéis da ortodoxia meditavam e adoravam.

Alguns líderes, tanto da igreja quanto do estado, temiam que a prática ficasse fora de controle e um imperador em especial, Leão III (717) ordenou a destruição dos ícones em todas as parte do império. O conflito gerado durou várias décadas e provocou tumultos entre os monges, o martírio dos principais defensores oponentes dos ícones e um estão de desordem e confusão geral em todo o império e igreja bizantinos.

[...] João de Damasceno é citado na história da teologia por várias contribuições, mas acima de tudo por ter fornecido o fundamento lógico e a justificativa teológica para o emprego de ícones na adoração. Por seus escritos em favor dos ícones, a igreja oriental encontrou a maneira de reinstituí-los sem implicar idolatria (OLSON, 2001, pág. 306-307).

É interessante ressaltarmos as palavras: "os ícones foram usados como 'livros para os analfabetos'", e, "eles desempenham papel crucial de 'janelas para o céu' que os fiéis usam como ponto de contato ao orar a Trindade ou aos santos".

Isso equivale dizer que a igreja católica através dos ícones – imagens que representam os seus santos – inicialmente a utilizavam para que os analfabetos pudessem encontrar apoio à suas orações.

Assim como hoje, acende-se vela para criar um clima de religiosidade e incutir no subconsciente dos fiéis que o ato da vela acesa irá de alguma forma te ligar àquele a quem se ora ou mesmo ter suas preces ou petições ouvidas.

"Os santos são considerados simplesmente intercessores acessíveis". Lembrando que tanto na visão romanista como na maioria do censo comum, os santos são pessoas que dedicaram a vida em honrar a Deus de maneira excepcional, por exemplo, morrendo como mártires ou realizando milagres ou ainda aquele que já estiveram no meio de nós, estão mortos e encontram-se habitando no céu junto a Deus.

Essa ideia de que santos são pessoas que viveram entre nós e morreram, realizam milagres que são atestados por um grupo e santificados, deve ser rejeitada rigorosamente, pois as Escrituras Sagradas nos ensinam que santo é aquele que crê no Senhor Jesus e segue seus mandamentos. Se assim não fosse, ficaria difícil explicar algumas passagens contidas no Novo Testamento.

Atos 9.32 *E aconteceu que, passando Pedro por toda a parte, veio também aos santos que habitavam em Lida.*

Atos 9.41 *E ele, dando-lhe a mão, a levantou e, chamando os santos e as viúvas, apresentou-lha viva*

Romanos 1.7 *A todos os que estais em Roma, amados de Deus, chamados santos: Graça e paz de Deus nosso Pai, e do Senhor Jesus Cristo*

Romanos 15.25,26 *Mas agora vou a Jerusalém para ministrar aos santos. Porque pareceu bem à Macedónia e à Acaia fazerem uma coleta para os pobres dentre os santos que estão em Jerusalém*

Romanos 16.15 *Saudai a Filólogo e a Júlia, a Nereu e a sua irmã, e a Olimpas, e a todos os santos que com eles estão*

1 Coríntios 1.2 *Å igreja de Deus que está em Corinto, aos santificados em Cristo Jesus, chamados santos, com todos os que em todo o lugar invocam o nome de nosso Senhor Jesus Cristo, Senhor deles e nosso*

1 Coríntios 14.33 *Porque Deus não é Deus de confusão, senão de paz, como em todas as igrejas dos santos*

2 Coríntios 1.1 *Paulo, apóstolo de Jesus Cristo, pela vontade de Deus, e o irmão Timóteo, à igreja de Deus, que está em Corinto, com todos os santos que estão em toda a Acaia*

2 Coríntios 13.13 *Todos os santos vos saúdam*

Efésios 1.1 *Paulo, apóstolo de Jesus Cristo, pela vontade de Deus, aos santos que estão em Éfeso, e fiéis em Cristo Jesus*:

Filipenses 1.1 *Paulo e Timóteo, servos de Jesus Cristo, a todos os santos em Cristo Jesus, que estão em Filipos, com os bispos e diáconos*:

Filipenses 4.21,22 *Saudai a todos os santos em Cristo Jesus. Os irmãos que estão comigo vos saúdam. Todos os santos vos saúdam, mas principalmente os que são da casa de César*

Colossenses 1.2 *Aos santos e irmãos fiéis em Cristo, que estão em Colossos: Graça a vós, e paz da parte de Deus nosso Pai e do Senhor Jesus Cristo.*

1 Tessalonicens. 5.27 *Pelo Senhor vos conjuro que esta epístola seja lida a todos os santos irmãos*

Hebreus 13.24 *Saudai a todos os vossos chefes e a todos os santos. Os da Itália vos saúdam.*

Outro ponto questionável nessa doutrina é que os milagres não são atribuídos diretamente à Deus ou à Trindade, mas àquele que é o instrumento.

Hoje podemos operar milagres em nome de Jesus, por intermédio do Espírito Santo de Deus e mesmo assim, nunca seremos *"intercessores acessíveis"*, pois somos apenas um canal para que isso acontecesse.

A Deus seja dada toda honra e glória, não devemos nos vangloriar por aquilo que não nos pertence.

Voltando à história da iconografia, é importante citarmos mais uma vez o nome desse monge que defendeu o uso das estátuas (ícones) santas dentro das igrejas, João Damasceno.

Olson nos apresenta uma pequena biografia desse monge, escrevendo que ele nasceu em Damasco, na Síria entre 645 e 675 e morreu por volta de 750.

Passou parte da vida adulta no mosteiro chamado São Saba, perto de Jerusalém. Também é conhecido como o último dos grandes pais da igreja da tradição ortodoxa oriental.

> De acordo com João, "antes, Deus, sem corpo ou forma, não podia ser representado de modo algum. Mas hoje, depois de ter aparecido em carne e habitado entre os homens, tenho o direito de representar o aspecto visível de Deus. [...] Não venero a matéria, mas venero o Criador da matéria, que se tornou matéria por amor a mim, que se revestiu da vida na carne e que, através da matéria, consumou minha salvação". (OLSON, 20014, pág. 307-308)

Com isso, vemos que João Damasceno passou a justificar o uso de ícones na adoração ao fazer a distinção sutil, entre a adoração propriamente dita de uma pessoa ou objeto e a mera veneração – um certo respeito por alguma coisa, por ser dedicada a Deus e permeada por sua energia espiritual.

> A maneira desse monge enxergar os ícones afetou profundamente o Segundo Concílio de Nicéia em 787, que foi o sétimo e último concílio ecumênico, segundo a ortodoxia oriental. Os bispos ali reunidos decidiram pela condenação dos iconoclastas: "Anátema aos que não saúdam [veneram] as imagens santas e veneráveis. Anátema aos que chamam de ídolos as imagens sagradas (OLSON, 2001, pág. 308).

Atualmente as imagens que representam os santos são mais encontradas dentro das igrejas católicas ou nos lares dos católicos romanos e até mesmo nos centros de umbanda, são inquestionáveis. Em alguns casos, chegam próximo à heresia.

Porém, o mais difícil de aceitar e que na realidade deve ser repudiado veementemente, é que esses chamados santos, venerados no catolicismo e na umbanda, assumem juntamente com Jesus o papel de intercessor, papel este apenas atribuído

unicamente ao próprio filho de Deus nas Escrituras Sagradas –
Jesus Cristo.

Liturgia

O ato de prece mais importante na igreja católica é, sem dúvida é a liturgia eucarística, normalmente chamada de missa.

> A liturgia da Eucaristia desenrola-se segundo uma estrutura fundamental que se conservou ao longo dos séculos até nossos dias. Desdobra-se em dois grandes momentos que formam uma unidade básica:
>
> - a convocação, a Liturgia da Palavra, com as leituras, a homilia e a oração universal;
>
> - a Liturgia Eucarística, com a apresentação do pão e do vinho, a ação de graças consecratória e a comunhão.
>
> Liturgia da Palavra e liturgia Eucarística constituem juntas um só e mesmo ato do culto, com efeito, a mesa preparada para nós na Eucaristia é ao mesmo tempo a da Palavra de Deus e a do Corpo do Senhor (Catecismo da igreja católica, página 371).

A liturgia, que é centrada na missa, é a celebração oficial e pública do "Mistério de Cristo e em particular do seu Mistério Pascal". Através dela, "Cristo continua na sua Igreja". A missa é celebrada todos os domingos; no entanto, os católicos podem cumprir as suas obrigações dominicais se forem à missa no sábado.

Os católicos devem também ir à missa em cerca de dez dias adicionais por ano, chamados de Dias Santos de Obrigação. Missas adicionais podem ser celebradas em qualquer dia do ano litúrgico, exceto na Sexta-feira Santa, pois neste dia não se celebra a missa em nenhuma igreja católica do mundo.

Muitas igrejas têm missas diárias que é composta por duas partes: a Liturgia da Palavra e a Liturgia da Eucaristia.

Durante a Liturgia da Palavra, são lidas em voz alta uma ou mais passagens da Bíblia, ato desempenhado por um leitor (um leigo da igreja) e pelo padre ou diácono (que leem sempre as leituras do Evangelho). Depois de concluídas as leituras, é feita a homilia por um clérigo.

Nas missas rezadas aos domingos e dias de festa, é professado por todos os católicos presentes o Credo, que afirma as crenças ortodoxas (oficiais) do catolicismo.

A Liturgia da Eucaristia inclui a oferta de pão e vinho, a Prece Eucarística, durante a qual o pão e o vinho se transformam no Corpo e Sangue de Cristo, processo denominado transubstanciação.

Se a liturgia da Eucaristia inclui a oferta de pão e vinho, por que é negado a participação total dessa liturgia aos fiéis e só lhe é dado o pão (hóstia)?

A igreja católica romana através do Concílio de Trento resume a fé católica ao declarar:

> Por ter Cristo, nosso Redentor, dito que aquilo que oferecia sob a espécie do pão era verdadeiramente seu corpo, sempre se teve na igreja esta convicção, que o santo concílio declara novamente: pela consagração do pão e do vinho opera-se a mudança de toda a substância do pão na substância do Corpo de Cristo Nosso Senhor e de toda a substância do vinho na substância do seu sangue; esta mudança, a Igreja católica denominou-a com acerto e exatidão transubstanciação (Catecismo da Igreja Católica, 1999, pág. 380).

A doutrina da transubstanciação, segundo ela, ocorre quando o sacerdote pronuncia as palavras da consagração na celebração da missa, o pão muda de substância e torna-se verdadeira e fisicamente a carne de Jesus Cristo enquanto o vinho torna-se de fato seu sangue.

As qualidades exteriores do pão e do vinho permanecem os mesmos, mas a substância interior é transformada de tal maneira que, segundo a doutrina, a pessoa que participa da eucaristia realmente come e bebe o corpo e sangue de Cristo.

O Concílio de Trento foi:

A peça central da reforma católica. Como descreve um cardeal da igreja: "Nenhum concílio na história da igreja respondeu a tantas perguntas, resolveu tanta questões de doutrina ou promulgou tantas leis". Quando o concílio finalmente chegou ao fim em 4 de Dezembro de 1563, seus numerosos decretos foram assinados solenemente por quatro legados papais, três patriarcas, vinte e cinco arcebispos, cento e sessenta nove bispos, sete abades, sete generais de ordem católicas, dez procuradores episcopais e pelos embaixadores de todas as potências católicas da Europa.

[...] Para os católicos romanos, Trento foi uma realização magnífica que definiu o dogma e unificou a igreja contra as heresias de muitas seitas protestantes. Para os protestantes de todos os tipos, foi um jogo reacionário de poder, que endureceu as categorias católicas e condenou como heresia exatamente o evangelho que os reformadores estavam tentando recuperar.

[...] O estudioso do catolicismo oficial, Daniel-Rops, explica: "No plano dogmático, as decisões do Concílio são obrigatórias para todos os católicos; rejeitá-las é heresia. No campo da disciplina, por outro lado, quem as contesta ou se recusa a obedecê-las é estouvado e rebelde, ou até cismático, mas nem por isso se coloca fora da Igreja". Em outras palavras, Trento definiu com autoridade determinante o que os católicos devem crer. Rejeitar qualquer de seus decretos ou cânones implica em heresia.

[...] Trento somente afirmou a autoridade das tradições extrabíblicas, como também anatematizou ou condenou, qualquer pessoa que consciente e deliberadamente as rejeitasse ou ultrajasse. Além disso, o concílio identificou a Vulgata Latina como a edição autêntica da Bíblia (incluindo os chamados livros apócrifos) e designou a igreja-mãe (Roma) como juíza inapelável do significado das Escrituras. (OLSON, 2001, pág. 456-457)

Divergência com as outras igrejas cristãs

Olson nos informa que a doutrina da Igreja Ortodoxa é bastante parecida com a da Igreja Católica. As únicas diferenças significativas dizem respeito ao *filioque*, ao entendimento um pouco divergente da salvação e do arrependimento, principalmente à compreensão do papel e função do papa na igreja, que para os ortodoxos não tem jurisdição sobre as outras igrejas nem é revestido de infalibilidade quando fala ex cathedra.

Em relação às igrejas protestantes, as diferenças mais significativas dizem respeito à doutrina da Eucaristia, dos outros sacramentos (a maioria dos protestantes só professam o Batismo e a Eucaristia, ou seja, a Ceia do Senhor), à existência do purgatório, à composição do Cânone das Escrituras e ao culto de veneração à virgem Maria e aos santos.

Há também diferenças importantes na doutrina do pecado original e da graça, na necessidade e natureza da penitência; no modo de obter a redenção, com os protestantes a defenderem que a salvação só se atinge apenas através da fé (sola fide), em detrimento da crença católica que a fé deve ser expressa também através das boas obras.

Nas últimas décadas, milhares de grupos religiosos têm sido fundados visando atrair sobre si o título de verdadeira e única Igreja de Cristo.

A igreja católica também reclama para si tal título, alegando que o apóstolo Pedro foi instituido primeiro papa pelo próprio Jesus Cristo, tomando como base uma interpretação livre, desprovida do contexto e questionável, de um texto da Bíblia Sagrada.

Sobre esse assunto do apóstolo Pedro ser ou não o primeiro papa, abordaremos mais a frente.

O culto à virgem Maria: a mãe de Deus

No livro Catecismo da Igreja Católica, com o título "O culto da Santíssima Virgem" é apresentado o seguinte ensino:

"Todas as gerações me chamarão bem-aventurada" (Lc 1,48): "A piedade da Igreja para com a Santíssima Virgem é intrínseca ao culto cristão". A Santíssima Virgem "é legitimamente honrada com um culto especial pela Igreja. Com efeito, desde remotíssimos tempos, a bem-aventurada Virgem é venerada sob o título de "Mãe de Deus", sob cuja proteção os fiéis se refugiam suplicantes em todos os seus perigos e necessidades. (...) Este culto (...) embora inteiramente singular, difere essencialmente do culto de adoração que se presta ao Verbo encarnado e igualmente ao Pai e ao Espírito Santo, mas o favorece poderosamente", este culto encontra sua expressão nas festas litúrgicas dedicadas à Mãe de Deus e na oração mariana, tal como o Santo Rosário, "resumo de todo o Evangelho" (Catecismo da Igreja Católica, 1999, pág. 274-275).

De acordo com a mariologia católica, no livro Catecismo da Igreja Católica, a maternidade virginal de Maria no desígnio de Deus relata:

Maria é virgem porque sua virgindade é o sinal de sua fé, absolutamente livre de qualquer dúvida, e de sua doação sem reservas à vontade de Deus. É sua fé que lhe concede tornar-se a Mãe do Salvador: Beatior est Maria percipiendo fidem Cristi quam concipiendo carnem Cristhi – Maria é mais bem-aventurada recebendo a fé de Cristo do que concebendo a carne de Cristo.

[...] Maria "permaneceu Virgem concebendo seu filho, virgem ao dá-lo à luz, virgem ao carregá-lo, virgem ao alimentá-lo de seu seio, virgem sempre: com todo o seu ser ela é a serva do Senhor (Lc 1.38).
A virgem Maria cooperou "para a salvação humana com livre fé e obediência". Pronunciou seu fiat (faça-se) "em representação de toda a natureza humana". Por sua obediência tornou-se a nova Eva, mãe dos viventes (Catecismo da Igreja Católica, 1999, pág.143).

Segundo os ensinamentos bíblicos, assim como o romanista, Deus escolheu Maria como a mãe de seu Filho. Diferenciando que no romanismo, é ensinado que para cumprir tal missão, Maria foi preservada do pecado original e de todos os pecados. Esse ensino espúrio pode facilmente ser refutado pela própria Bíblia.

Prosseguindo com a narrativa, informam que o arcanjo Gabriel anunciou à virgem Maria que Deus faria com que ela concebesse Jesus do Espírito Santo, ou seja, em virgindade e sem participação de homem algum.

Logo, o Espírito Santo faz dela a mãe de Cristo e, como Cristo é o próprio Deus encarnado, também a Mãe de Deus. "Maria é verdadeiramente mãe de Deus, visto ser a mãe do filho eterno de Deus feito homem, que é ele mesmo Deus" (Catolicismo da Igreja Católica, 1999, pág. 143, A maternidade virginal de Maria no desígnio de Deus).

Maria aceitou obedientemente essa missão divina tão necessária à salvação, tornando-se assim a corredentora dos homens. Neste ponto é viável fazermos um questionamento: o arcanjo Gabriel conforme as Escrituras veio para informar Maria do plano de Deus e não para pedir a ela permissão para aceitar a missão de ser a mãe terrena de Jesus e ou querer saber se pela obediencia a Deus, ela aceitaria tal missão.

Maria casou-se com José, que assumiu a paternidade terrena de Jesus, mas, mesmo assim, ela conseguiu conservar a sua virgindade por toda a vida, conforme informa a tradição católica.

Devido ao fato de ter concebido Jesus, que é o único Redentor dos homens e o cabeça da Igreja, o ensino errôneo do catolicismo diz que Maria com esse ato, torna-se também a mãe da igreja e de todos os homens que Jesus veio salvar. Ela "coopera com amor de mãe no nascimento e na formação na ordem da graça" de qualquer ser humano.

Após a sua assunção ao céu, ela, como rainha do céu, continua a interceder pelos seus filhos e a ser um modelo de santidade para todos.

O culto de veneração a Maria é expresso nas festas litúrgicas dedicadas a ela, nas peregrinações aos locais onde Maria apareceu, nas inúmeras devoções (ex.: Escapulário de Nossa Senhora do Carmo) e orações marianas (ex.: Santo Rosário).

Com relação a Maria ser considerada mãe de Deus ou a segunda Eva pela tradição católica romana, eles encontram respaldo no já citado catecismo:

> Depois da queda, o homem não foi abandonado por Deus. Ao contrário, Deus o chama e lhe anuncia de modo misterioso a vitória sobre o mal e o soerguimento da queda. Esta passagem do Gênesis foi chamada de "protoevangelho", por ser o primeiro anúncio do Messias redentor, a do combate entre a serpente e a Mulher e a vitória final de um descendente desta última.
>
> A tradição cristã vê nesta passagem um anúncio do "novo Adão", que, por sua "obediência até a morte de Cruz" (Fp 2.8), repara com

superabundância a desobediência de Adão. De resto, numerosos Padres e Doutores da Igreja veem na mulher anunciada no "protoevangelho" a mãe de Cristo, Maria, como "nova Eva". Foi ela que, primeiro e de uma forma única, se beneficiou da vitória sobre o pecado conquistado por Cristo: ela foi preservada de toda mancha do pecado original e durante toda a vida terrestre, por uma graça especial de Deus, não cometeu nenhuma espécie de pecado (Catecismo da Igreja Católica, 1999, pág. 117).

Sem entrar no mérito da questão, temos a acrescentar que somente pela tradição (que é falha e nem sempre confiável) e como visto, não tem respaldo bíblico, ou seja, é um ensinamento herético; assim sendo, não podemos adotar tal ensinamento como ortodoxo ou correto por motivos bastantes óbvios.

Sabemos que Jesus é Deus, mas dentro de seu papel, ele é filho, porém quando o catolicismo afirma isso, leva a uma linha tênue com a Trindade e não faz diferenciação entre o Pai e Filho. Partindo desse princípio, é errôneo afirmar que ela é mãe de Deus, mas correto em afirmar que ela foi a mãe de Jesus, concebido sem a participação do homem.

Maria aceitou sim, obedientemente a missão divina tão necessária a salvação, mas isso de modo algum a torna corredentora na salvação. Isto em palavras bem claras e diretas é desmerecer ao próprio Cristo e enaltecer Maria, ou seja, é torná-la como semi-deusa na visão histórica.

É inegável que o papel de Maria foi muitíssimo importante, contudo, ela se tornou uma das figuras mais importantes da história da humanidade, mas nunca poderia se tornar mediadora, intercessora ou corredentora.

Desafio a voce que está lendo essas linhas a verificar na sua Bíblia Sagrada e constatar que os apóstolos **nunca** oraram a Maria. Veremos também que nas epístolas de Pedro, Paulo, João e Tiago escritas às igrejas, nenhum deles mencionam o nome de Maria uma única vez.

E mais ainda, o nome de Maria aparece apenas nos quatro evangelhos e no início do livro de Atos. Porém, na ocasião do Pentecostes, quando todos foram cheios do Espírito Santo e eles saíram para pregar, Maria nunca mais é citada nas Escrituras. Sabe por que? Porque o nome de Jesus foi exaltado e Maria não tem esse lugar de destaque que os romanistas querem que ela tenha.

Pelas Escrituras sabemos que Jesus confiou a João a sua mãe quando estava preso ao madeiro e João que foi o último discípulo a morrer. Pressupomos que ele cuidou de Maria até a morte dela, porém, também ele não menciona o nome de Maria em nenhuma de suas três epistolas ou mesmo no livro de Apocalipse.

Voce sabe o motivo disso? O motivo é bem simples, todos os discípulos nunca a viram como o catolicismo quer que seus fiéis a vejam, como uma mediadora, intercessora ou corredentora.

O simples motivo de Pedro, Paulo, João e Tiago nunca a terem citado em suas epístolas, é uma repreensão para todos aqueles que a invocam em suas orações.

Para colocar um ponto final nesse assunto de Maria ser a mediadora, intercessora ou corredentora, afirmarmos que isso é uma doutrina que está contra todos os ensinamentos de Deus e contra a própria Escritura.

Devemos nos lembrar que para Maria não pode ouvir as orações feitas a ela pelos católicos ou mesmo de qualquer pessoa de todos os lugares ao mesmo tempo, nem isoladamente. Ela não tem poder para interceder por ninguém. Para ela interceder por quem quer que seja, seria necessário dela ter os atributos exclusivos que somente Deus possui, onisciência, onipotência e onipresença.

Esses atributos são atributos incomunicáveis de Deus, ou seja, são exclusivo de Deus e somente Ele os possui e, por mais católico que alguém seja, ele nunca poderá afirmar que Maria possuía esses atributos. Sendo assim, vimos a falácia desse ensino de Maria ser mediadora, intercessora ou corredentora.

Hernandes Dias Lopes citando Adolfo Robleto "afirma que a Maria dos evangelhos é muito diferente da Maria do catolicismo romano" e que esse a tem desfigurado e desumanizado.

> Ao invés de honrá-la, como pretendem, a envergonharam até o indizível, ao render-lhe um culto que chega a ser uma crassa idolatria com marcos de superstição. O marianismo é de origem estritamente pagã; é o feminismo divinizado de certas religiões antigas, que se introduziu na religião cristã.
>
> Desta forma, algumas pessoas promovem Maria a uma posição que Deus nunca a colocou; enquanto outras deixam de dar a ela a honra que Deus lhe conferiu [...] A única maneira de honrarmos essa mulher de qualidades superlativas e maiúsculas é examinar as Escrituras e observar suas virtudes. Imitar Maria, eis o grande desafio para os cristãos contemporâneos! Mas, para imitá-la, precisamos conhecê-la, e para conhecermos, precisamos ir à fonte certa, a Palavra de Deus.
>
> A única maneira de honrar Maria é examinar o que a Bíblia diz a seu respeito e destacar esses pontos para o nosso ensino e exemplo.

> Acrescentar o que não está na Bíblia, além de ofender a Deus, desonra Maria porque agride sua fé e conspira contra suas convicções. O culto prestado a Maria é uma grande injustiça para com a própria Maria, pois a transforma em motivo de transgressão dos mandamentos de Deus (LOPES, 2005, pág. 92-93)

Destacamos algumas linhas do que foi escrito acima que merecem enfase:

- Desta forma, algumas pessoas promovem Maria a uma posição que Deus nunca a colocou; enquanto outras deixam de dar a ela a honra que Deus lhe conferiu

- A única maneira de honrarmos essa mulher de qualidades superlativas e maiúsculas é examinar as Escrituras e observar suas virtudes.

- A única maneira de honrar Maria é examinar o que a Bíblia diz a seu respeito e destacar esses pontos para o nosso ensino e exemplo.

- Acrescentar o que não está na Bíblia, além de ofender a Deus, desonra Maria porque agride sua fé e conspira contra suas convicções.

- O culto prestado a Maria é uma grande injustiça para com a própria Maria, pois a transforma em motivo de transgressão dos mandamentos de Deus

Outro ensino pertinence ao caso encontra-se no livro A importância da Bíblia:

> O homem está carente de Deus, a criatura foi feita para adorar ao seu criador, mas muitos estão adorando outras criaturas, muitas delas até mortas, mas não adoram o verdadeiro Deus vivo criador do céu e da terra (NATUR, 2010, pág. 59)

Maria não é mãe de Deus

Nessa seção partimos do ponto que Maria é a bendita mãe de Jesus. Como escrito antes, alguém pode questionar que Jesus é Deus, sendo assim ela é a mãe de Deus, porém, gostaria de salientar que Maria é a mãe do homem chamado Jesus, ela o gerou em seu ventre pela ação do Espírito Santo, mas ela não gerou a Deus, pois a existência de Jesus é conhecida centenas e centenas de anos antes de Maria ter nascido.

É importante ainda salientar que Jesus não começou a existir no ventre de Maria, ele apaenas se tornou carne em seu ventre. Jesus é preexistente da criação, ou seja, a existência de Jesus está situada antes mesmo da criação. Essa é a grande diferença.

No meio teológico vemos que Jesus participou juntamente com o Pai e o Espírito Santo na criação citado no livro de Gênesis. Com isso em mente, fica fácil explicar a passagem de João 8.56-58: *"Abraão, vosso pai, exultou por ver o meu dia, e viu-o, e alegrou-se. Disseram-lhe, pois, os judeus: Ainda não tens cinqüenta anos, e viste Abraão? Disse-lhes*

Jesus: Em verdade, em verdade vos digo que antes que Abraão existisse, eu sou ".

Maria é mãe de Jesus, e Jesus é Deus, porém Maria não é mãe de Deus tornamos a repetir, pois é ilógico e mesmo impossível Maria ser mãe de um filho que tem sua existência antes de todas as coisas virem a existir.

Devemos refletir um pouco mais sobre isso, pois dizer que ela é mãe de Deus, equivale dizer que ela existia antes mesmo de Deus e se assim for, Deus não é um ser eterno que existia antes do princípio. Deus então, não seria eterno.

Para não confundir a cabeça, devemos nos lembrar que Jesus tem duas naturezas distintas: uma divina e outra humana. Como Deus, é impossível que Jesus tenha tido uma mãe, porém, como homem ele teve uma mãe e não teve pai.

Assim como Deus preexiste a todas as coisas, sendo ele a origem de todas as coisas ou causa primária de tudo, assim também é Jesus.

É didático recorremos na Bíblia e notarmos que Isabel de modo algum chamou Maria de mãe de Deus, ela a chamou de mãe do meu salvador (veja a passagem no livro de Lucas 1.43).

Se lermos atentamente esse episódio, notaremos nitidamente e inegavelmente podemos afirmar que Isabel estava plena do Espírito Santo. A lógica nos diz que o filho não pode existir antes da mãe, por esse motivo, podemos afirmar que Maria não é mãe de Deus.

O título dado a Maria como a mãe de Deus tem sua origem no paganismo, onde a veneração de mulheres-deusas era uma prática comum. Como exemplo podemos citar algumas culturas pagãs da Assíria, Egito.

Da Assíria chegou ao nosso conhecimento Astarde que é a rainha do céu da Fenícia e do Egito a rainha do céu é Ísis. Existem outras mulheres-deusas como Artemis, a divina virgem da Grécia, Diana a grande mãe que era adorada em Éfeso.

Hernandes Dias Lopes nos diz que com o "advento da liberdade religiosa pelo edito de Milão" no ano de 313, "afluiu à igreja uma grande leva de pessoas não convertidas, oriundas do paganismo, trazendo em sua bagagem crendices contrárias à Palavra de Deus". E devido a influência desses pagãos convertidos, "não tardou para que o culto a Maria fosse introduzido na igreja" (LOPES, 2005, pág. 96).

Lopes nos diz com referência a frase mãe de Deus, no grego theotokos teve origem no Concílio de Éfeso no ano de 431 d.C. e essa frase (mãe de Deus) aparece também no Credo de Calcedônia no ano 451.

Já Olson diz que o título theotokos quer dizer portadora de Deus, às vezes traduzida como mãe de Deus, porém, essa não é uma tradução preferível.

"Embora as duas tradições (a ortodoxa oriental e a católica romana) prestem grande reverência a Maria, o título theotokos na verdade serve como indicador da verdadeira divindade de Jesus".

Assim, vemos que o Concílio de Éfeso tinha como propósito em enfatizar a divindade de Cristo e não glorificar Maria.

Maria virgem

Ao escrever essas linhas, veio a mente um costume típico daquele tempo: uma mulher que não tivesse filhos, seria vista como uma pessoa desmerecida do favor de Deus. Pois na cultura judaica, a mulher era bem-aventurada em tê-los.

Outro erro católico está em afirmar que Maria conseguiu conservar a sua virgindade por toda a vida. O bom senso e a razão provam ao contrário e as Escrituras também, pois ela não afirma que a virgindade de Maria foi perpétua e existe passagens que provam isso.

E José, despertando do sono, fez como o anjo do Senhor lhe ordenara, e recebeu a sua mulher; e não a conheceu até que deu à luz seu filho, o primogênito; e pôs-lhe por nome Jesus (Mt 1.24,25). Mateus ao escrever essa passagem demonstra que Maria permaneceu virgem até o nascimento de Jesus.

Devemos nos lembrar que o verbo "conheceu" citado por ele, no contexto bíblico quer dizer "ter relação sexual". Caso voce ainda tenha dúvida a esse respeito, deve consultar a Bíblia e verificar a passagem de Gênesis 4.1.

Esclarecido isso, Mateus estava afirmando que José não teve relações sexuais com Maria até que ela desse a luz a Jesus e como é natural, após o nascimento de Jesus eles viveram como um casal como outro qualquer.

O fato desse casal ter tido relações sexuais não os desmerecem. O que na realidade os desmerecem é sendo eles um casal, sendo Maria casada com José não terem vivido como um casal consumando o ato.

Corroborando com esse relato, a Bíblia relata que Maria teve outros filhos, para isso devemos fazer uma nova consulta aos evangelhos sinóticos, tais como Mateus 13.54-56; Marcos 6.3; Lc 2.7; Mt 1.24,25 e Atos 1.14. Nisso veremos que as Escrituras Sagradas também deixaram os nomes dos filhos de Maria com José.

E, partindo dali, chegou à sua pátria, e os seus discípulos o seguiram. E, chegando o sábado, começou a ensinar na sinagoga; e muitos, ouvindo-o, se admiravam, dizendo: De onde lhe vêm estas coisas? E que sabedoria é esta que lhe foi dada? E como se fazem tais maravilhas por suas mãos? Não é este o carpinteiro, filho de Maria, e irmão de Tiago, e de José, e de Judas e de Simão? E não estão aqui conosco suas irmãs? E escandalizavam-se nele (Mc 6,1-3).

Essa passagem nos mostra nitida e explicitamente que Maria teve filhos naturais com José através de um relacionamento sexual. Essas são provas contundentes sobre esse fato que ninguém pode negar ou questionar.

Então poderemos formular uma pergunta oportuna nesse momento: por que o catolicismo romano, mesmo conhecendo essa passagem ainda continua afirmando a virgindade perpétua de Maria?

Se Maria teve filhos após o nascimento de Jesus, então ela de forma alguma pode ter continuado virgem. A explicação que encontro para eles [catolicismo romano] afirmar que Maria continua virgem, é porque se ela deixasse de ser virgem, a tese da imaculada conceição desmorona e cai por terra abaixo e, pior ainda, eles subestimam a inteligência daqueles que lerem essa passagem.

É interessante como o ser humano tem a capacidade de inventar, manipular e mesmo ocultar aquilo que está bem claro nas Escrituras. Ter relações sexuais com sua esposa de modo algum é pecado, é lei de Deus, pois a Palavra de Deus é bem clara em afirmar que o sexo no casamento não é pecado e foi Deus que ordenou ao primeiro casal a terem relações sexuais antes mesmo da queda e logo após ele haver criado o ser humano (leia a passagem de Gênesis 1.28).

Isso nos leva a outra questão: foi dito através dos ensinos católico romano que devido ao fato de Maria haver concebido Jesus que é o único redentor dos homens e a cabeça da Igreja, ela [Maria] tornou-se também a mãe da Igreja e de todos os homens que Cristo veio salvar.

Esse é outro absurdo que a igreja católica romana enfia goela abaixo de seus fiéis sem embasamento bíblico. Pouco acima, ela [a igreja católica] ensina que Maria tornou-se corredentora, mas agora afirma que Jesus é o único redentor.

Veja a incoerência: se Jesus é o único redentor, e devemos dar ênfase a palavra único, então ele não necessita nem antes e nem depois de ajuda extra. Ele é o único, assim sendo, essa coparticipação de Maria é anátema, espúria, herética, etc.

O pior também desse ensino herético, é afirmar que após a assunção de Maria, ela, como rainha do céu, continua a interceder pelos seus filhos (não os filhos naturais, pois esses a própria igreja católica os eliminou) e a ser um modelo de santidade.

Perguntamos: quem é nosso verdadeiro intercessor?

Quem é o nosso verdadeiro modelo de santidade?

Se voce for fiel à Palavra de Deus que é a Bíblia Sagrada, ou mesmo deixar a razão falar mais alto e fazer uso do bom senso, tenho a certeza absoluta que em nenhuma dessas perguntas voce responderá que é Maria.

Diante do exposto, o que dizer desse ensinamento errôneo do catolicismo?

A igreja atinge a perfeição em Maria

O Catecismo da Igreja Católica, ensina:

> Enquanto na beatíssima Virgem a Igreja já
> atingiu a perfeição, pela qual existe sem mácula
> e sem ruga, os cristãos ainda se esforçam por
> crescer em santidade, vencendo o pecado. Por
> isso, elevam seus olhos a Maria: nela, a Igreja é
> já a toda santa (Catecismo da Igreja Católica,
> 1999, pág. 238 a 239).

Ao afirmar que a igreja já atingiu a perfeição por Maria
como ensina o catecismo, além de ser um ensino incorreto, é o
mesmo que negar o próprio filho de Deus, Jesus Cristo, sua
missão terrena.

E quanto a essas palavras: "por isso, elevam seus olhos a
Maria: nela, a Igreja é já a toda santa", podemos esclarecer que
em hipótese alguma, através de Maria ou mesmo através de todo
panteão de santos e santas da igreja católica romana pode tornar
a igreja santa.

A igreja nunca atingirá a perfeição em Maria, pois assim
como eu e voce, Maria tinha pecados. Por outro lado, a Bíblia
indica explicitamente àquele que nunca pecou.

Leia abaixo o que está escrito em Hebreus 4.14,15: *"Visto que temos um grande sumo sacerdote, Jesus, Filho de Deus, que penetrou nos céus, retenhamos firmemente a nossa confissão. Porque não temos um sumo sacerdote que não possa compadecer-se das nossas fraquezas; porém, um que, como nós, em tudo foi tentado, mas sem pecado".*

Quero deixar registrado que ao escrever que Maria tinha pecados, não quero desmerecê-la, mas essa tese de que Maria não pecou e tampouco herdou o pecado original em toda sua vida, é uma falácia e podemos procurar em toda a Bíblia que não encontraremos esse falso ensino.

Hernandes Dias Lopes fazendo referência a David S. Chaff, em seus escritos, diz que "esse dogma da Imaculada Conceição foi promulgado pelo papa Pio IX, em 8 de Dezembro de 1854, na bula ineffabilis Deus.

O que a Bíblia nos ensina a respeito é que todos nós fomos concebidos em pecado (Sl 51.5), pecamos (Rm 3.23) e herdamos o pecado de nossos pais (Rm 5.12). Assim se cremos realmente que a Bíblia é a Palavra de Deus, então não temos do que duvidar e achar que ela [a Bíblia] está incorreta.

Se Maria fosse exceção, com toda certeza, em suas páginas encontraríamos referências diretas sobre isso. Se em suas páginas não há a menor referência de Maria ser imaculada, então quer dizer que ela se enquadra nos parâmetros de que fomos concebidos em pecado e somos pecadores. Somente Jesus foi a exceção.

Sabem por que Jesus foi a exceção? É porque ele não nasceu de um ato sexual. Jesus foi gerado pelo Espírito Santo conforme nos mostra o evangelho de Lucas 1.35.

A própria Maria sabia que não era imaculada e nunca procurou demonstrar ou ensinar isso às pessoas; ela sabia que era uma pecadora assim como nós também somos; ela como uma mulher obediente a Deus sabiamente deixou registrado para com suas próprias palavras para que ninguém pudesse engrandecê-la e colocá-la em um posto que ela nunca esteve.

O que se pode dizer dessa passagem: *"Disse então Maria: A minha alma engrandece ao Senhor, e o meu espírito se alegra em Deus meu Salvador"* (Lc 1.46,47). Essa passagem conhecida como Magnificat, simplesmente nos mostra que Maria reconhecia ser uma pecadora e chama Deus de seu salvador. Se Maria fosse imaculada, sem pecado ela de forma alguma precisaria de um salvador.

Outra passagem que mostra que Maria era também uma pecadora e torno a repetir, como também nós somos, ela não precisaria oferecer sacrifício pelo pecado quando levou Jesus ao templo quando ele tinha apenas 08 (oito) dias de vida (Lc 2.22-24). Maria estava cumprindo o que está registrado no livro de Levítico 12.6-8:

> *E, quando forem cumpridos os dias da sua purificação por filho ou por filha, trará um cordeiro de um ano por holocausto, e um pombinho ou uma rola para expiação do pecado, diante da porta da tenda da congregação, ao sacerdote. O qual o oferecerá perante o Senhor, e por ela fará propiciação; e será limpa do fluxo do seu sangue; esta é a lei da que der à luz menino ou menina. Mas, se em sua mão não houver recursos para um cordeiro, então tomará duas rolas, ou dois pombinhos, um para o holocausto e outro para a propiciação do pecado; assim o sacerdote por ela fará expiação, e será limpa.*

Para finalizar sobre esse assunto, gostaria de apresentar outra pergunta: se Maria era imaculada, por que só em 1854 é que a igreja reconheceu esse fato?

O catecismo do catolicismo romano registra algumas páginas adiante, o ensino que Maria é o ícone escatológico da Igreja:

Assim como no céu, onde já está glorificada em corpo e alma, a Mãe de Deus representa e inaugura a igreja em sua consumação no século futuro, da mesma forma nesta terra, enquanto aguardamos a vinda do Dia do Senhor, ela brilha como sinal da esperança segura e consolação para o Povo de Deus em peregrinação.

[...] Depois de encerrar o curso de sua vida terrestre, a Santíssima Virgem Maria foi elevada em corpo e alma à glória do Céu, onde já participa da glória da ressurreição de seu Filho, antecipando a ressurreição de todos os membros de seu corpo.

"Cremos que a Santíssima Mãe de Deus, nova Eva, Mãe da Igreja, continua no Céu sua função materna em relação aos membros de Cristo" (Catecismo da Igreja Católica, 1999, pág. 275)

Estar glorificada é estar coberta de flores, simbolizando estar coroada ou em glória e estar glorificada em corpo e alma é o mesmo que assim como Jesus, ter ressuscitado após ter passado pelo processo da morte física. Esse é outro ensino errôneo que a tradição da igreja católica professa sobre Maria.

As Escrituras ensinam que Jesus foi "levado" em *corpo e alma à glória do céu*, mas esse ensinamento a respeito de Maria é espúrio, hipotético, falso, ilegítimo e deve por esse motivo ser rejeitado com todo nosso entendimento e força.

Não devemos permitir que falsos ensinamentos atrapalhe nossa comunhão com o verdadeiro Deus que está na Bíblia e para isso, devemos abordar sobre o assunto do dogma da Imaculada Conceição.

Dogma da Imaculada Conceição segundo o catolicismo romano

O dogma da Imaculada Conceição também é conhecido como Concepção de Maria.

Para ser a Mãe do Salvador, Maria "foi enriquecida por Deus com dons dignos para tamanha função". No momento da Anunciação, o anjo Gabriel a saúda como "cheia de graça". Efetivamente, para poder dar o assentimento livre de sua fé ao anúncio de sua vocação era preciso que ela estivesse totalmente sob a moção da graça de Deus.

Ao longo dos séculos, a Igreja tomou consciência de que Maria, "cumulada de graça" por Deus, foi redimida desde a concepção. É isso que confessa o dogma da Imaculada Conceição, proclamado em 1854 pelo papa Pio IX:

A beatíssima Virgem Maria, no primeiro instante de sua Conceição, por singular graça e privilégio de Deus onipotente, em vista dos méritos de Jesus Cristo, Salvador do gênero humano, foi preservada imune de toda mancha do pecado original.

Esta "santidade resplandecente, absolutamente única" da qual Maria é "enriquecida desde o primeiro instante de sua conceição lhe vem inteiramente de Cristo: "Em vista dos méritos de seu Filho, foi redimida de um modo mais sublime". Mais do que qualquer outra pessoa criada, o Pai a "abençoou com toda a sorte de bênçãos espirituais, nos céus, em Cristo" (Ef 1.3). Ele a "escolheu nele (Cristo), desde antes da fundação do mundo, para ser santa e imaculada em sua presença, no amor (Ef 1.4).

Os padres da tradição oriental chamam a Mãe de Deus "a toda santa" (Pan-hagia; pronuncie pan-haguía) celebram-na como "imune de toda mancha de pecado, tendo sido plasmada pelo Espírito Santo, e formada como uma nova criatura. Pela graça de Deus, Maria permaneceu pura de todo pecado pessoal ao longo de toda a sua vida. (Catecismo da Igreja Católica, 1999, pág. 138 e 139, A Imaculada Conceição)

O título dado a Maria como ensina o catecismo é "beatíssima Virgem Maria", mas o que a igreja quer dizer com esse título?

Consultando novamente o dicionário temos a seguinte definição para beatíssimo: [Do lat. beatissimu] Adj. 1. Superl. de beato. 2. Tratamento dado ao Papa. Para beata: [Do lat. beata, f. de beatus.] S. f. Mulher a quem foi concedida a beatificação. Ou seja, beatíssima é o título superlativo a quem foi concedida a beatificação.

Para ficar um pouco mais claro, a definição de beatificar é: [Do lat. beatificare.] 1. Declarar, o Papa, que (um indivíduo católico) seja venerado embora com determinadas restrições: 2.

Tornar ou declarar beato ou bem-aventurado; conduzir à bem-aventurança. 3. Louvar com exagero: 4. Fazer passar por santo, por bom.

Então, segundo a definição encontrada pelo dicionário, beatificar é se tornar ou ser declarado bem-aventurado, é ser louvado com exagero e fazer se passar por santo, por bom.

Assim sendo, beatíssima é ser declara super bem-aventurada, é ser louvada no mais alto nível chegando a beirar o fanatismo, é ser o mais santo dos santos.

Será que podemos dizer isso de uma serva de Deus? O Todo-Poderoso a exaltou escolhendo-a para ser a mãe terrena de seu filho, mas essa exaltação vindo do Criador de todo o universo não chega a tal ponto como querem os católicos.

A concessão desse título super exagerado que o catolicismo confere a Maria, é o mesmo que valorizar em excesso o gênero humano e ao mesmo tempo desvalorizar o divino.

Maria imaculada?

Esse é outro assunto importante a ser frisado e comentado, é o ensino de que Maria segundo a visão e a tradição do catolicismo romano afirma sobre ela não ter pecado e corrupção da morte.

Esse ensino não está embasado segundo as Escrituras Sagradas, ou seja, a Bíblia, mas está firmada na convicção do seguinte ensinamento:

> A vitória sobre o "príncipe deste mundo" foi alcançada, de uma vez por todas, na hora em que Jesus se entregou livremente à morte para nos dar sua vida. É o julgamento deste mundo e o príncipe deste mundo é "lançado fora", "Ele põe-se a perseguir a Mulher", mas não tem poder sobre ela: a nova Eva, "cheia de graça" por obra do Espírito Santo, é preservada do pecado e da corrupção da morte (Imaculada Conceição e Assunção da Santíssima Mãe de Deus, Maria, sempre virgem) (Catecismo da Igreja Católica, 1999, pág. 732 e 733, Mas livrai-nos do mal).

A doutrina do pecado original leva-nos ao dogma católico da imaculada concepção de Maria (antigo termo é conceição). Segundo essa doutrina, Maria teria sido concebida isenta de pecado, o que segundo a luz bíblica não é verdade e que esse dogma, segundo a história e estudiosos, foi promulgado apenas em 08 de Dezembro de 1854, pelo papa Pio IX.

Ainda que alguns dos chamados pais da Igreja pudessem ter essa opinião, quase todos a rejeitaram e ainda que alguma igreja tenha aceitado ou celebrado tal crença, não se tem registro disso na história eclesiástica, mas vemos que quase a totalidade lhe fizeram oposição.

Lembramos que a doutrina de que Maria foi concebida sem pecado e viveu imaculada sempre foi um assunto polêmico e para surpresa de muitos, dividiu os próprios católicos romanos.

Se consultarmos história dos tempos antigos ou mesmo da Idade Média, Moderna ou Contemporânea, nos convenceremos de que a crença de Maria ter sido concebida, vivido sem pecado e conservado imaculada (virgem para sempre), além de ser ilógico, não tem embasamento histórico, bíblico e nem mesmo na tradição encontramos tal erro sendo ensinado.

A realidade é que muitos séculos após a fundação da igreja ninguém pensava nessa questão, por ser um absurdo.

Mesmo os antigos cristãos não criam na imaculada concepção de Maria porque não encontravam respaldo nas Escrituras e muito menos esse ensino herege foi transmitido pelas tradições. É impossível encontrar o menor vestígio de que entre o povo dos templos bíblicos existia a ideia de que Maria era isenta de pecado.

Também não há vestígio que alguém tenha levantado semelhante opinião e certamente os discípulos de Jesus Cristo quando ainda em vida, também assim pensavam; pois se não fosse assim, eles teriam registrados esse fato e encontraríamos nas páginas da Bíblia.

Mas como a teoria da concepção imaculada de Maria surgiu?

A resposta é fácil, essa teoria surgiu em um período de muitas superstições na própria Idade Média. Nesse período de nossa história, a superstição chegou ao seu nível mais alto, as festas e devoções particulares cresceram estrondosamente e em dado momento, bastou alguém sugerir essa doutrina anti-bíblica que logo todo o povo mais movido pelo medo de uma perseguição e repreensão religiosa, acolheu-a como doutrina oficial, passando a celebrá-la.

A primeira vez que se ouve falar sobre tal acontecimento, é descrito por Eduardo Joiner (teólogo do século XIX):

> O primeiro vestígio da tal crença surgiu em 1140, quando alguns cônegos de Lyon, na França, instituíram pela primeira vez no Ocidente uma festa semelhante. Mas receberam censura veemente de Bernardo de Claraval, importante teólogo da Igreja Romana.
>
> [...] Quando Agostinho diz que Maria era isenta de pecado, referiu-se aos pecados que ela se esforçou para não cometer durante sua vida (obrigação de todo cristão), e não ao pecado original, pois ele afirma que ninguém nasceu ou era isento de pecado, a não ser Jesus Cristo, e que "o corpo de Maria foi formado por geração normal".
>
> Em seu comentário do Salmo 34, ele declara: "Maria morreu por causa do pecado de Adão, pois ela era também filha; e o corpo do Senhor dado ao mundo por Maria morreu para destruir o pecado".
>
> O célebre Anselmo de Canterbury (1033-1109), que alguns insistem em apontar como aquele que introduziu na Inglaterra a festa dedicada à imaculada conceição, escreveu que Maria "não só foi concebida, mas nascida em pecado; como todas as pessoas, ela também pecou em Adão". (JOINER, 2004, pág. 245-246)

A igreja católica, apostólica, romana vai contra até de um dos mais importantes teólogos da própria igreja que é Bernardo de Claraval.

Para refrescar um pouco a memória, apresentaremos uma rápida biografia de Bernardo de Claraval (1090 – 1153) fundador e primeiro abade de Claravaux. Era um grande devoto da virgem. Foi um monge cisterciense, grande propagador e defensor da igreja, chegando a ser considerado uma das personalidades mais influentes do século XII.

Deixou tratados de edificação e polêmica como "Sobre os graus da humildade e da soberba", "Sobre o amor a Deus", "Sobre o dever dos bispos" e "Sobre a graça e o livre-arbítrio", deixando ainda trezentos e quarenta sermões.

É mais conhecido no catolicismo como São Bernardo, sendo canonizado em 1173 por Alexandre III e declarado Doutor da Igreja por Pio VIII em 1830 (Grande Enciclopédia Delta Larousse, 1971, pág.869-870).

Analise a situação, quando houve a tentativa de introduzir no seio da igreja o falso ensino sobre Maria, a mãe terrena de Jesus, Bernardo de Claraval ou São Bernardo, foi o mais ávido que condenou tal heresia.

Lembramos que ele não foi um teólogo qualquer; em sua ficha podemos contar que no ano de 1128 ele participou do Concílio de Troyes convocado pelo papa Honório II, sendo nomeado secretário do concílio.

Bernardo de Claraval tornou-se uma personalidade importante e respeitada na cristandade; ele interveio em assuntos públicos, defendendo os direitos da igreja contra os príncipes seculares, foi conselheiro de papas (Honório II, Inocêncio II e Eugênio III) e reis e escreveu também o estatuto da Ordem do Templo, mais conhecidos como Templários.

São Bernardo fundou 72 mosteiros, espalhados por toda Europa: 35 na França, 14 na Espanha, 10 na Inglaterra e Irlanda, 6 em Flandres, 4 na Itália, 4 na Dinamarca, 2 na Suécia e 1 na Hungria, além de muitos outros que se filiaram à Ordem.

Foi necessário esse breve histórico sobre ele, para fazermos uma pergunta: por que a igreja católica é contra Bernardo de Claraval que foi um dos mais importantes defensores do catolicismo romano?

Tanto em sua época como em época posterior, em relação à censura sobre o ensino da crença de que Maria viveu sem pecado e conservou-se imaculada pelo resto de sua vida e ainda o mantém no panteão dos milhares de seus santos?

Vale ressaltar que a própria negação sobre a imaculada concepção de Maria, seria o motivo mais que suficiente para ele [Bernardo] ser considerado herético e sofrido a pena de excomunhão da igreja.

Como a excomunhão não aconteceu e ao contrário, ele foi canonizado pela igreja, então, por que essa mesma igreja desconsiderou, menosprezou e adotou essa falsa doutrina que ele tanto repudiou?

Eduardo Joiner, nos diz que vários concílios católicos romanos evitaram definir em favor a doutrina da imacula concepção de Maria:

> O Concílio de Basiléia, na sessão de 17 de Dezembro de 1439, chegou a declarar esse dogma, porém as atas não foram aprovadas, e a declaração ficou sem valor. O Concílio de Trento examinou a questão, mas não se pronunciou, o que é estranho, pois a aprovação do dogma seria um rude golpe no protestantismo. O concílio, referindo-se ao pecado original, declarou apenas que não era a sua intenção "compreender nele a Virgem Maria".
>
> [...] Por fim, no dia 02 de Fevereiro de 1849, Pio IX publicou uma encíclica, ordenando a todos os bispos que comunicassem à Santa Sé a sua opinião e a opinião de suas respectivas dioceses sobre o assunto. E, apesar da opinião

contrária de muitos deles, em presença de 54 cardeais e 140 bispos, no dia 08 de Dezembro de 1854 foi definido o dogma da imaculada concepção (JOINER, 2004, pág. 247-248).

Como podemos verificar, até no final do ano de 1854, nem mesmo a tradição da igreja católica romana sustentava esse dogma. O importante é fazer uma análise do que isso quer dizer e representa: se Maria foi concebida sem pecado original como é ensinado no romanismo, ela não necessitava dos benefícios que Cristo trouxe à terra, ou seja, ela seria como Eva antes da queda no Paraíso, não teria pecado algum e não necessitaria de salvação.

O catequismo da igreja católica ensina que Maria é a segunda Eva: se Eva não necessitava de um salvador, logicamente, Maria tampouco necessitaria de um.

Por qual motivo Jesus veio encarnar como homem para se fazer pecador por todos? Qual seria o motivo da encarnação de Cristo se já existisse alguém sem pecado no mundo? Se Maria não tinha pecado, ela certamente poderia fazer o ato expiatório que Jesus fez, isto é, ser crucificada pelos nossos pecados.

Como dissemos, se existisse tal pessoa, essa pessoa é que deveria ser crucificada ao invés de Jesus. Como isso não aconteceu, e se fizermos as contas, chegaremos ao resultado que algo está errado.

Podemos conjecturar e dizer que Deus se enganou ao permitir a encarnação de seu filho para trazer a salvação a todos, porque somos pecadores, ou então, o catolicismo está errado, ensinando que Maria falhou em sua missão de intercessora e salvadora.

Devido ao fato de Maria ter falhado como intercessora e salvadora, por esse motivo, Deus precisou enviar seu filho para fazer o que Maria como segunda Eva, não teve capacidade de fazer.

Como vemos, isso seria possibilidades criadas sem inclusive o prévio conhecimento de que Maria falharia em sua missão. Seria como se Deus experimentasse um e vendo que não daria certo, resolveu enviar o melhor, seu único filho e tirar essa responsabilidade de salvação das mãos humanas.

Se Maria não teve capacidade, como na realidade não tem, é porque ainda vivíamos em pecado e isso não exclui Maria. Como creio firmemente que Deus não se enganou e Jesus veio com o objetivo de ser nossa propiciação, então, logicamente, Maria nunca e em hipótese alguma poderia ter sido concebida sem pecado.

Esse falsa doutrina de Maria ter sido concebida sem pecado, com certeza está em desacordo com o ensino bíblico que deve nos nortear.

Está escrito *"todos pecaram"* (Rm 3.23) e também está escrito em Romanos 5.12: *"Como por um homem entrou o pecado no mundo, e pelo pecado, a morte, assim também a morte passou a todos os homens, por isso que todos pecaram"*.

Para finalizar o assunto sobre esse dogma, vemos que vários textos na Bíblia afirmam que em Adão todos pecaram, não se fazendo alguma distinção de pessoa com exceção de Jesus.

Se a própria Bíblia não faz essa distinção, porque a igreja católica romana faz? E que diz a Palavra de Deus acerca de Jesus? *"Um que, como nós, em tudo foi tentado, mas sem pecado"* (Hb 4.15). Por que as Escrituras se calam a respeito de Maria?

A Bíblia relata que Jeremias e João Batista foram santificados no ventre da mãe. Por que então a Bíblia nada declara a respeito de Maria, se ela era ainda mais privilegiada que eles?

Existem textos que fazem comparação entre o velho Adão e o novo Adão, que é Jesus. Esses textos afirmam que no primeiro Adão todos morremos e no segundo (Cristo) foram todos ressuscitados.

Então, se Maria foi vivificada no segundo Adão, teria necessariamente de morrer no primeiro. *"Se um morreu por todos, logo, todos morreram. E ele [Cristo] morreu por todos"* (2 Co 5.14,15).

Maria ressuscitou e foi elevada ao céu, verdade ou mito?

Agora, vamos um ponto controverso, mas facilmente descartado segundo evidências históricas e bíblicas: a ressurreição de Maria e sua elevação ao céu.

No dia 1º de novembro de 1950, o papa Pio XII chamado de papa mariano, promulgou o dogma de que o corpo de Maria ressuscitou da sepultura logo depois que ela morreu, que o seu corpo e alma se reuniram e, ela foi elevada e entronizada como rainha do céu, recebendo um trono à direita de seu Filho.

De acordo com a tradição, a assunção de Maria foi assim:

No terceiro dia depois da morte de Maria, quando os apóstolos se reuniram ao redor de sua sepultura, eles a encontraram vazia. O sagrado corpo fora levado para o paraíso celestial. O próprio Jesus veio para levá-la até lá; toda a corte dos céus veio para receber com hinos de triunfo a Mãe do divino Senhor: Que coro de exultação! Ouçam como eles clamam: "Levantai-vos as vossas portas, ó príncipes, levantai-vos, ó portas eternas, para que a rainha da glória possa entrar" (LOPES, 2005, pág. 108-109)

A descrição da tradição da assunção de Maria foi baseada, segundo Hernandes Dias Lopes, no livro "catolicismo romano" de Loraine Boetner, páginas 133-134. Vemos que essa descrição é fantasiosa e o que mais impressiona, é o fato de não haver nenhuma prova histórica ou mesmo bíblica para sustentar essa fictícia tradição.

Percebemos claramente que o relato apresentado é uma cópia de alguns fatos que aconteceram com a ressurreição de Jesus, ou seja, terceiro dia, sepultura vazia, ressurreição, elevação aos céus, trono à direita.

Ao contrário dos fatos acontecidos com Jesus, que tiveram testemunhas oculares e o viram em carne e osso e a elevação aos seus, as fantasiosas descrição, uma cópia descarada e recheadas de mentiras baseados nos acontecimentos ocorridos com Jesus, ninguém a viu ressuscitada, ninguem a viu elevar-se ao céu e ninguem comprova que isso foi um fato real.

Ao contrário da ressurreição de Cristo que encontramos cópia de relatos escritos que sobreviveram até os dias de hoje, essa suposta ressurreição de Maria, não sobrevive a argumentos históricos, porém como nosso estudo é baseado na Palavra de Deus, por esse motivo, uma rápida consulta ao Sagrado Livro, encontraremos referência apenas à volta de Cristo.

A sua segunda volta de Cristo, nunca esteve relacionada a buscar sua mãe como afirma essa falsa doutrina de que Jesus voltou para retirá-la da sepultura e a elevando e entronizando no céu dando um lugar à sua direita. A volta de Cristo está vinculada ao julgamento futuro e em hipótese alguma a esse malfadado relato da elevação de Maria.

Vejamos o que as Escrituras Sagradas nos dizem a respeito da volta de Cristo:

Mateus 16.27 *Porque o Filho do homem virá na glória de seu Pai, com os seus anjos; e então dará a cada um segundo as suas obras.*

Mateus 24.30 *Então aparecerá no céu o sinal do Filho do homem; e todas as tribos da terra se lamentarão, e verão o Filho do homem, vindo sobre as nuvens do céu, com poder e grande glória.*

Mateus 25.31-33 *E quando o Filho do homem vier em sua glória, e todos os santos anjos com ele, então se assentará no trono da sua glória; e todas as nações serão reunidas diante dele, e apartará uns dos outros, como o pastor aparta dos bodes as ovelhas; e porá as ovelhas à sua direita, mas os bodes à esquerda*

Marcos 13.24-27 *Ora, naqueles dias, depois daquela aflição, o sol se escurecerá, e a lua não dará a sua luz. E as estrelas cairão do céu, e as forças que estão nos céus serão abaladas. E então verão vir o Filho do homem nas nuvens, com grande poder e glória. E ele enviará os seus anjos, e ajuntará os seus escolhidos, desde os quatro ventos, da extremidade da terra até a extremidade do céu*

Lucas 21.27,28 *E então verão vir o Filho do homem numa nuvem, com poder e grande glória. Ora, quando estas coisas começarem a acontecer, olhai para cima e levantai as vossas cabeças, porque a vossa redenção está próxima*

Hebreus 9.28: *Assim também Cristo, oferecendo-se uma vez para tirar os pecados de muitos, aparecerá segunda vez, sem pecado, aos que o esperam para salvação*

Apocalipse 1.5-7: *E da parte de Jesus Cristo, que é a fiel testemunha, o primogênito dentre os mortos e o príncipe dos reis da terra. Aquele que nos amou, e em seu sangue nos lavou dos nossos pecados, e nos fez reis e sacerdotes para Deus e seu Pai; a ele glória e poder para todo o sempre. Amém. Eis que vem com as nuvens, e todo o olho o verá, até os mesmos que o traspassaram; e todas as tribos da terra se lamentarão sobre ele. Sim. Amém*

1 Tessalonicenses 4.6,7: *Porque o mesmo Senhor descerá do céu com alarido, e com voz de arcanjo, e com a trombeta de Deus; e os que morreram em Cristo ressuscitarão primeiro. Depois nós, os que ficarmos vivos, seremos arrebatados juntamente com eles nas nuvens, a encontrar o Senhor nos ares, e assim estaremos sempre com o Senhor*

Como escrito anteriormente, a vinda de Cristo nunca esteve relacionada a Maria ser levada ao céu e os escritos acima demonstram essa realidade.

Porém, existe uma passagem que se certa forma, aniquila, fulmina e destrói de uma vez por todas, esse engano propagando pelo catolicismo romano: João 3.13 *Ora, ninguém subiu ao céu, senão o que desceu do céu, o Filho do homem, que está no céu.* Precisamos dizer mais alguma coisa?

Apenas para finalizar essa seção, devemos observar que esse dogma foi promulgado, ou seja, ordenado a publicação em forma de lei ou tornado público oficialmente (segundo o dicionário) apenas em 1950.

Não crer e até mesmo duvidar, sem dizer negar essa doutrina publicamente, para o catolicismo romano representaria a mesma coisa que apostatar da fé católica.

Por que? "O culto a Maria é hoje a mola mestra da liturgia católica. Ademais, as visões e aparições de Maria continuam a atrair multidões, que esperam vê-la ou receber uma cura milagrosa, ou mesmo alguma mensagem para sua vida", sentencia Hernandes Dias Lopes (página 109).

A rainha do céu

Vimos que um dos títulos atribuídos a Maria, dentre vários outros conhecidos, alguns conhecidos e demasiadamente usados que acabou fazendo parte de seu nome, tais como: virgem Maria, a virgem Imaculada, mãe de Deus, mãe de Cristo, advogada, medianeira e rainha do céu.

Apenas para registro e conhecimento, ela recebe também segundo o Catecismo da Igreja Católica outros nomes como: auxiliadora, protetora, assunta, cheia de graça, escrava do Senhor, mãe da igreja, mãe dos vivos, nova Eva, sede da sabedoria, sempre virgem, typus da igreja.

Há outros dois nomes um pouco mais complicada de se lembrar de falar: hodoghitria e panhaghia. Hodoghitria significa mostra o caminho e panhaghia quer dizer toda santa.

Não é nosso objetivo dissertar sobre cada um desses nomes, nomes esses que querem designar ou mostrar não apenas um título, mas posse de um atributo de santidade. Como o estudo tem revelado, alguns desses nomes, na realidade nada mais é do que uma carona pega no que Jesus Cristo é.

A Bíblia nos diz em 1 João 2.1 que temos apenas um único advogado entre Deus e os homens: *"Meus filhinhos, estas coisas vos escrevo, para que não pequeis; e, se alguém pecar, temos um Advogado para com o Pai, Jesus Cristo, o justo".*

Ela, [a Bíblia] também nos revela e coloca um ponto final sobre o ensino errado sobre um atributo dados pelo romanismo de Maria ser medianeira. Em suas páginas, as Escrituras Sagradas nos traz o ensino: *" Porque há um só Deus, e um só Mediador entre Deus e os homens, Jesus Cristo homem"* (1 Tm 2.5).

Outros nomes dado a Maria podem ser questionados como por exemplo hodoghitria ou mostra o caminho com passagens como João 14.6: *"Disse-lhe Jesus: Eu sou o caminho, e a verdade e a vida; ninguém vem ao Pai, senão por mim".*

Profecias como a de Isaías que diz: *"E servirá de sinal e de testemunho ao Senhor dos Exércitos na terra do Egito, porque ao Senhor clamarão por causa dos opressores, e ele lhes enviará um salvador e um protetor, que os livrará"* (Is 19.20), joga por terra em afirmar que Maria é nossa protetora.

Advertências como está escrito no livro de Josué 24.19 que desmentem que Maria é panhaghia ou toda santa: *"Então Josué disse ao povo: Não podereis servir ao Senhor, porquanto é Deus santo, é Deus zeloso, que não perdoará a vossa transgressão nem os vossos pecados"*. Essa passagem está em harmonia com Marcos 1.24 que mostra que o santo de Deus é Jesus e não Maria: *"Dizendo: Ah! que temos contigo, Jesus Nazareno? Vieste destruir-nos? Bem sei quem és: o Santo de Deus"*.

Porém, como escrevemos, não é nosso intuíto questionar cada nome atribuído a Maria, contudo, fez-se necessário apresentar alguns argumentos sobre determinados nomes, para que voce como leitor atento e amante da Palavra de Deus, enxergue o erro que muitos católicos romanos vem praticando, devido ao desconhecimento da Palavra e também por humildade, aceita e transporta esse falso ensino para um campo inquestionável da qual, não querem discutir. Contudo, gostaríamos de comentar apenas mais um título que Maria recebe: rainha do céu.

Para isso, é necessário perguntarmos quem verdadeiramente, segundo as Escrituras Sagradas que é a Bíblia Sagrada ensina sobre quem é a rainha do céu. Só por isso, nota-se nitidamente que não é Maria, a mãe de Jesus, pois até onde sabemos, Maria nunca compactuou com falsos deuses ou deusas que o judaísmo é veementemente contra.

Maria em hipotese alguma poderia ao menos apresentar ofertas e sacrifícios a esse panteão de divindades que o próprio Deus condena.

Isso apenas quer dizer que o título de rainha dos céus que o catolicismo romano atribui a Maria, a mãe de Jesus, é um grande erro, pois o título de rainha dos ceús é uma mistura do cristianismo com o paganismo.

Todavia, o que muitos não sabem ou não lembram é que a Bíblia faz referência a rainha dos céus e revela quem ela é. Para isso, devemos recorrer ao livro de Jeremias 7.18: *"Os filhos apanham a lenha, e os pais acendem o fogo, e as mulheres preparam a massa, para fazerem bolos à rainha dos céus, e oferecem libações a outros deuses, para me provocarem à ira".*

Jeremias 44.17-19: *"Mas certamente cumpriremos toda a palavra que saiu da nossa boca, queimando incenso à rainha dos céus, e oferecendo-lhe libações, como nós e nossos pais, nossos reis e nossos príncipes, temos feito, nas cidades de Judá, e nas ruas de Jerusalém; e então tínhamos fartura de pão, e andávamos alegres, e não víamos mal algum. Mas desde que cessamos de queimar incenso à rainha dos céus, e de lhe oferecer libações, tivemos falta de tudo, e fomos consumidos pela espada e pela fome. E quando nós queimávamos incenso à rainha dos céus, e lhe oferecíamos libações, acaso lhe fizemos bolos, para a adorar, e oferecemos-lhe libações sem nossos maridos?".*

Hadmacher, Allen e House comentam que a

> Rainha dos céus refere-se a Istar, que era cultuada em centros de adoração a céu aberto ao longo de toda a região oriental do Mediterrâneo e da Mesopotâmia. A adoração a Istar envolvia a preparação de bolos especiais que traziam a imagem da deusa, bem como libações (Jr 44.19). A cooperação familiar na adoração idólatra a Istar estava em oposição direta às exigências da lei de que um pai deveria instruir seus filhos nos caminhos do Senhor (Dt 6.4-9) (HADMACHER, ALLEN e HOUSE, 2010, pág. 1128).

A Bíblia de Estudo MacArthur em suas páginas marginais nos ensina que a rainha dos céus é "Istar, uma deusa assíria e babilônica, também chamada de Astarote ou Astarte", "esposa de Baal ou Moloque que simbolizava o poder generativo" e que "o culto a elas envolvia prostituição".

R. K. Harrison nos mostra que

Jovens e adultos participam com o mesmo entusiasmo dos rituais à rainha dos céus, sem dúvida a deusa assírio-babilônica Istar [..] Parece que havia variações deste culto no Egito e em Canaã. A palavra bolos (kawwãn ïm) é de origem não-hebraica, e aparece outra vez somente em 44.19, onde o mesmo culto é descrito. Esta contaminação flagrante da fé dos ancestrais será punida com muita severidade (Harrison, 2008, pág. 69)

Relativo aos versículos 17-19 do capítulo 44 de Jeremias, vemos que

Os homens e mulheres que ouviram Jeremias tentaram defender seus pecados ao apelar para a experiência. Usaram a argumentação pragmática: "se dá certo, então deve ser certo". Quando viviam em Judá e adoravam em segredo à rainha dos céus (Astarote ou Ishtar, deusa da fertilidade), as coisas iam bem. Tinham muita comida e uma vida confortável. Porém, quando o rei Josias fez o povo desistir de seus ídolos, as coisas começaram a ir de mal a pior. Conclusão: era muito mais vantajoso desobedecer a Deus e adorar a falsos ídolos! [...] As mulheres faziam votos de adoração a Astarte e os seus maridos aprovavam (vv. 24-26). [...] Consequentemente, as esposas colocavam a responsabilidade sobre os maridos, e os maridos diziam a Jeremias que não ligavam para o que ele dizia! Adorariam Astarte da mesma forma como haviam feito em Judá e, dessa maneira, garantiriam que as coisas dariam certo para eles (Wiersbe, 2006, pág. 170-171)

Corroborando com Wiersbe, Radmacher, Allen e House enfatiza que

> O povo recusou as palavras de Jeremias apresentando um argumento com base em sua experiência. Rejeitaram a Deus dizendo que, quando adoravam a Rainha dos Céus (ou seja, a deusa Istar ou Astarote) tinham recebido fartura de pão, e andávamos alegres, e não vimos mal algum. Rainha dos céus refere-se a Istar, a deusa da guerra e da fertilidade adorada com rituais de sexo explícito. O povo afirmava que, quando deixou de adorar a rainha dos céus nos dias da reforma religiosa de Josias, o rei foi morto e suas terras foram destruídas. As mulheres eram líderes dos ritos a Istar, que incluíam queima de incenso, ofertas de bebidas e bolos cerimoniais com símbolos da deusa (Jr 7.18) (RADMACHER, ALLEN e HOUSE, 2010, pág. 1186).

Com esses argumentos, encerramos essa seção que alé de comprovar o engano do catolicismo romano em dizer que a mãe de Jesus é a rainha dos céus, homenageia, como vimos a deusa da fertilidade Istar, Astarte ou Astarote.

O bispo de Roma e seus títulos

O Catecismo da Igreja Católica, página 38, ensina: *"o encargo de interpretar autenticamente a Palavra de Deus foi confiado exclusivamente ao Magistério da Igreja, ao papa e aos bispos em comunhão com ele"*.

> O papa, bispo de Roma e sucessor de S. Pedro, "é o perpétuo e visível princípio e fundamento da unidade, quer dos bispos, quer da multidão dos fiéis". "Com efeito, o Pontífice romano em virtude de seu múnus de Vigário de Cristo e de Pastor de toda a Igreja, possui na Igreja poder pleno, supremo e universal. E ele pode exercer sempre livremente este seu poder" (Catecismo da Igreja Católica, 1999, pág. 253).

Cabe nesse momento realizar nova consulta ao dicionário para explicar o que é a palavra múnus. De acordo com o Dicionário Aurélio, essa palavra quer dizer: funções que um indivíduo tem de exercer; encargo, emprego.

Assim sendo, esse catecismo quer dizer que o papa tem a autoridade máxima sobre a igreja. Nesse mesmo catecismo, ele nos diz que o papa "tem, por instituição divina, poder supremo, pleno, imediato e universal na cura das almas" (Catecismo da Igreja Católica, 1999, pág. 266).

O catecismo ensina que o encargo de interpretar autenticamente a Palavra de Deus é do magistério da igreja, do papa e dos bispos em comunhão com ele. Perguntamos: "Onde entra a questão de que devemos estar em comunhão com Deus e pedir ao Espírito Santo para nos dar o verdadeiro entendimento?" Será que apenas eles tem esse encargo ou eles querem assumir o lugar do Espírito Santo na vida do povo de Deus?

Nesse ponto, podemos perguntar: quem é na realidade o papa? Sabemos inicialmente que ele é apenas um homem que foi eleito entre os seus para assumir o papel de chefe da igreja, mas o interessante é também perguntarmos se o título de papa tem algum significado em especial.

O papa é conhecido também por outros títulos além do já citado, tais como sumo pontífice, vigário de Cristo, santo padre. Mas o que quer dizer cada uma dessas palavras? Ou melhor dizendo, qual o significado de cada um desses títulos atribuídos ao bispo de Roma?

Papa é o bispo de Roma e chefe da igreja católica apostólica romana que foi eleito por um conclave. A palavra papa tirando o definição religiosa que a atribui, quer dizer pai.

O renomado teólogo, pastor, conferencista e escritor Hernandes Dias Lopes atribui que a palavra papa vem do grego e com o mesmo significado: pai (LOPES, 2005, pág. 13).

Já a palavra sumo pontífice, por outro lado é o título concedido ao chefe supremo da igreja católica romana. A palavra sumo está relacionado a supremo e pontífice à ponte.

Em outras palavras, a mensagem implícita desse nome quer dizer apenas que aquele que eles chamam de sumo pontífice é como se fosse uma espécie de ponte, um mediador para questões religiosas entre os homens e Deus.

Com relação ao outro título atribuído ao bispo de Roma, vigário de Cristo, podemos dizer que a palavra vigário etimologicamente vem do latim vicariu que quer dizer aquele que substitui outro, padre adjunto a um prior, encarregado de cuidar de uma paróquia e que o substitui em caso de ausência ou de doença; aquele que faz as vezes do outro (Dicionário Aurélio).

Traduzindo, o título de vigário de Cristo significa "substituto de Cristo". E por último, o título que também lhe é atribuído é de santo padre. A palavra padre é originada do latim pater, patris, pai.

Não sei se até aqui vocês podem perceber que os títulos com o qual o bispo de Roma lhe é conferido e que o papa por anuência da situação, chama para si, os títulos de pai (papa), suprema ponte nas questões religiosas ou supremo construtor de pontes (sumo pontífice), substituto de Cristo (vigário de Cristo) e santo pai (santo padre). Esses títulos tem um significado muito sutil.

Isso equivale dizer que tanto o atual papa como seus antecessores usurpam o lugar de Deus, de Jesus e do Espírito Santo, ou seja, a Santíssima Trindade da qual eles dizem entre aspas, adorar. Pois segundos os ensinos ortodoxos, temos apenas Deus como Pai. Santo padre ou santo pai é somente Deus, pois ele é santo conforme nos apresenta as Escrituras: *"Mas, como é santo aquele que vos chamou, sede vós também santos em toda a vossa maneira de viver"* 1 Pe 1.15.

Em Efésios 4.6 está escrito: *Um só Deus e Pai de todos, o qual é sobre todos, e por todos e em todos vós"*. Há ainda nas Sagradas Escrituras [Bíblia] um ensino de Jesus que nos ensina que não podemos chamar, nesse sentido, ninguém de pai: *"A ninguém sobre a terra chameis vosso pai; porque só um é vosso Pai, aquele que está nos céus"* (Mt 23.9).

Voce entende o que Cristo queria e ainda quer nos ensinar? É simples, Jesus nos ensina que "nenhum homem sobre a terra pode ser considerado pai dos cristãos", porque todos foram "gerados do Espírito e somos filhos do Deus Altíssimo. Só Ele é o nosso Pai".

A própria definição nos dicionários dizem que papa é o bispo de Roma e chefe da igreja católica. O chefe da igreja que é católica (sendo que essa palavra deve ser entendida como universal) é Jesus Cristo, o fundamento e base de toda nossa crença.

Somente ele [Jesus] e não o papa é a suprema ponte (sumo pontífice) nas questões religiosas e entre Deus e os homens. A palavra sumo quer dizer supremo como já temos escrito e a palavra pontífice vem do latim que quer dizer construtor de pontes; em outras palavras, o título de sumo pontífice quer dizer o mesmo que supremo mediador.

O significado dado ao papa de sumo pontífice contraria veementemente tudo aquilo que a Bíblia nos ensina. A mediação é realizada exclusivamente por Jesus Cristo e mais ninguém, também não pode ser atribuído a qualquer outro santo ou santa.

O que Jesus nos ensina sobre isso pode ser lido no livro de João, capítulo 14, versículo 6: *"Eu sou o caminho, e a verdade, e a vida; **ninguém vem ao Pai senão por mim**"* (grifo deste autor para dar ênfase).

Também vemos o apóstolo Paulo escrevendo sobre a mediação realizada única e exclusivamente por Jesus Cristo: 1 Timóteo 2.5 está escrito: *"Porque há um só Deus, e um só Mediador entre Deus e os homens, Jesus Cristo homem"*.

Mais claro que isso, impossível. Essas duas passagens, mostram sem sombra de dúvidas que Jesus Cristo não é apenas um mediador, mas o único. Isso equivale dizer que se alguém se intitula sumo pontífice, na realidade é um usurpador.

O título de vigário de Cristo é o mais absurdo dos títulos que o papa chama para si ou que lhe é atribuído, pois o papa em hipótese alguma poderá ser o vigário de Cristo, ou seja, o substituto de Cristo.

O que as Escrituras ensinam sobre isso? João 14.16,17 ensina: *"E eu rogarei ao Pai, e ele vos dará outro consolador, a fim de que esteja para sempre convosco, o Espírito da Verdade, que o mundo não pode receber, porque não o vê, nem o conhece; vós o conheceis, porque ele habita convosco e estará em vós"*.

João 14.26: *"Mas aquele Consolador, o Espírito Santo, que o Pai enviará em meu nome, esse vos ensinará todas as coisas, e vos fará lembrar de tudo quanto vos tenho dito"*.

Notem que foi o próprio Jesus que afirmou que Deus enviaria o Espírito Santo em nome dele, ou seja, **Deus enviaria o Espírito Santo como substituto de Cristo** e não um homem que teria o título de papa.

A própria Bíblia nos diz quem é esse vigário, aqui chamado de Consolador: *"Mas aquele Consolador, o Espírito Santo, que o Pai enviará em meu nome"*

Tanto o Comentário Bíblico Expositivo de Wiersbe, volume 5 e O Novo Comentário Bíblico Novo Testamento de Earl D. Radmacher, Ronald B. Allen e H. Wayne House, e até mesmo qualquer leigo que leiam essas palavras, pela lógica, concordará que o outro consolador é o Espírito Santo, pois há argumentos plausíveis sobre isso.

Jesus o chamou de *"outro Consolador"* e *"Espírito da verdade"*. O termo grego traduzido por consolador é parakletos e somente João o emprega (ver Jo 14.16,26; 16.26; 16.7; 1 Jo 2.1), cujo significado é "chamado juntamente para assistir".

Como *"Espírito da verdade"*, o Espírito Santo é relacionado a Jesus, a Verdade e a Palavra de Deus, que é verdadeira. O Espírito inspirou a Palavra e também esclarece a Palavra de modo que possamos compreendê-la.

Outros versículos podem ainda ser citados, como por exemplo: João 15.26 *"Quando, porém, vier o Consolador, que eu vos enviarei da parte do Pai, o Espírito da verdade, que dele procede, esse dará testemunho de mim".*

João 16.7: *"Mas eu vos digo a verdade: convém-vos que eu vá, porque, se eu não for, o Consolador não virá para vós outros; se, porém, eu for, eu vo-lo enviarei".*

João 16.13,14: *"Quando vier, porém, o Espírito da verdade, ele vos guiará a toda a verdade; porque não falará por si mesmo, mas dirá tudo o que tiver ouvido e vos anunciará as coisas que hão de vir".*

Para aqueles que ainda tenham dúvida que o Espírito Santo é o verdadeiro vigário de Cristo (substituto de Cristo) e não o homem que tem o título de papa, salientamos que o fato de Jesus ter dito que o outro Consolador ensinaria *"todas as coisas"* e que faria *"lembrar de tudo"*.

Quando Jesus disse isso, fundamentamos que inicialmente, as palavras de Jesus eram transmitidas oralmente; aos poucos, sob a orientação do Espírito Santo, tais palavras foram relembradas e escritas, surgindo assim o Novo

Testamento. Além do mais, muitas foram às verdades reveladas pelo outro Consolador e não pelo papa.

Apoios à sucessão papal na visão romanista

Catecismo da Igreja Católica, descrevendo sob a contínua sucessão apostólica ensina:

> Para que o Evangelho sempre se conservasse inalterado e vivo na Igreja, os apóstolos deixaram como sucessores os bispos, a eles transmitindo seu próprio encargo de Magistério. Com efeito, a pregação apostólica, que é expressa de modo especial nos livros inspirados, devia conservar-se por uma sucessão contínua até a consumação dos tempos.
>
> No encargo dos Apóstolos, há um aspecto não-transmissível: serem as testemunhas escolhidas da Ressurreição do Senhor e os fundamentos da Igreja. Mas há também um aspecto permanente de seu ofício. Cristo prometeu-lhes ficar com eles até o fim dos tempos (Mt 28.20). Esta missão divina confiada por Cristo aos apóstolos deverá durar até o fim dos séculos, já que o Evangelho que eles devem transmitir é para a Igreja, em todos os tempos, a fonte de toda vida. Por esta razão os Apóstolos cuidaram de instituir sucessores (Catecismo da Igreja Católica, 1999, pág. 34)

O Catecismo da Igreja Católica ensinua que para a Palavra de Deus conservar em sua essência e vivo na igreja, creditaram aos apóstolos esse feito. Sabemos e valorizamos o excelente trabalho realizado por eles, porém, não podemos creditar todo mérito à eles porque dois deles nos deixaram uma pista sobre quem deveria cair essa honra.

Em Mateus 28.19 está descrito um mandamento que é conhecido como grande comissão saído pela própria boca do Senhor Jesus: *"Portanto ide, fazei discípulos de todas as nações, batizando-os em nome do Pai, e do Filho, e do Espírito Santo"*. Vimos também nas palavras de Marcos 13.10: *"Mas importa que o evangelho seja primeiramente pregado entre todas as nações"*.

O que acontece aqui é que esse mesmo catecismo esquece que a Palavra de Deus sobreviveu não por causa dos apóstolos, mas por causa da promessa de Jesus que podemos também denominar como profecia.

Mateus 24.35 registra essas palavras: *" O céu e a terra passarão, mas as minhas palavras não hão de passar"*; os chamados evangelhos sinóticos confirmam essa profecia: Marcos 13.31 *"Passará o céu e a terra, mas as minhas palavras não passarão"*; Lucas 21.33 *"Passará o céu e a terra, mas as minhas palavras não hão de passar"*.

Com isso, fica explícito que a sobrevivência do Evangelho deve-se única e exclusivamente por causa da vontade de Deus para que conheçamos a verdade de suas Palavras e não por causa dos apóstolos e seus sucessores. Porém, não podemos negar a participação vital deles nos planos de Deus.

Suponhamos caso os apóstolos resolvessem não pregar o Evangelho, ainda assim cremos que o Evangelho seria conhecido por todos nós, porque Deus levantaria outros para fazer e se necessário fosse, Deus faria até mesmo que as pedras falassem aos homens.

Está registrado em Lucas 19.40 *"E, respondendo ele, disse-lhes: Digo-vos que, se estes se calarem, as próprias pedras clamarão"*. Voce duvida disso? Pregar a Palavra de Deus é obrigação de todo cristão e não uma honra.

O que mantêm a palavra de Deus viva dentro da igreja? O catolicismo romano diz que são os sucessores deixados pelos apóstolos como está escrito anteriormente: "Para que o Evangelho sempre se conservasse inalterado e vivo na Igreja, os apóstolos deixaram como sucessores os bispos".

Também ensina que "a pregação apostólica, que é expressa de modo especial nos livros inspirados, devia conservar-se por uma sucessão contínua até a consumação dos tempos" como está escrito no catecismo da igreja católica, página 34 já mencionado acima.

Mais uma vez a honra é direcionada ao mérito humano, mas todos sabemos que na realidade não é bem assim. O que faz a Palavra de Deus manter-se viva na igreja só pode ter apenas uma resposta: o Espírito Santo de Deus que nos foi enviado.

O apóstolo João nos diz quem ficará conosco e manterá vivo a Palavra de Deus: *"E eu rogarei ao Pai, e ele vos dará outro Consolador, para que fique convosco para sempre"* (Jo 14.16) e mais adiante, visualizamos uma de suas missões: *"Mas aquele Consolador, o Espírito Santo, que o Pai enviará em meu nome, esse vos ensinará todas as coisas, e vos fará lembrar de tudo quanto vos tenho dito"* (Jo 14.26).

Em 1 Coríntios 6.19 mostra quem é a igreja: *"Ou não sabeis que o vosso corpo é o templo do Espírito Santo, que habita em vós, proveniente de Deus, e que não sois de vós mesmos?"*

E a sucessão papal, realmente aconteceu ou é outra mentira imposta pela igreja católica? Verdade ou mentira, sabemos à luz das Escrituras que não há descrição ou transmissão de Pedro de seu suposto cargo de papa para alguém ou tenha indicado algum sucessor.

Também a história comprova a mesma coisa que a Bíblia e não há qualquer evidência real de que os papas são sucessores de Pedro. Essa suposta sucessão existe apenas na tradição e não corresponde a verdade.

> Ainda que Pedro tenha sido o bispo de Roma, o primeiro papa da igreja, (o que já está fartamente provado com irrefragáveis provas que não foi), não temos prova que haja legítima sucessão apostólica; e se tivesse, os supostos sucessores deveriam subscrever as mesmas convicções teológicas de Pedro. O catolicismo romano crê, defende e prega doutrinas estranhas às Escrituras, que bandeiam para uma declarada apostasia religiosa. Assim, é absolutamente incongruente afirmar que o papa possa ser um legítimo sucessor de Pedro, quando sua teologia e sua prática estão em flagrante oposição ao que o apóstolo Pedro creu e pregou. Pedro condenou o que os papas aprovam (LOPES, 2005, pág. 47).

Com essas palavras podemos seguramente concluir que o catolicismo romano baseia a sucessão papal em argumentos falíveis e sobre tradições meramente humanas e não em cima das Escrituras e a luz de fatos históricos.

Pedro nunca foi papa

Segundo a tradição do catolicismo romano, o apóstolo Pedro foi o primeiro papa de Roma. Eles [os católicos romanos] se baseiam em um texto que é mal intrepretado por eles.

Esse texto segundo Hernandes Dias Lopes "é tão importante para o catolicismo romano que foi escrito em enormes letras douradas na cúpula da Basílica de São Pedro" (pág. 22): *"Pois também eu te digo que tu és Pedro, e sobre esta pedra edificarei a minha igreja, e as portas do inferno não prevalecerão contra ela"*.

A afirmação de que o apóstolo Pedro nunca foi papa ou bispo de Roma é uma argumentação baseada nas Escrituras Sagradas e sendo assim, é histórica e real.

Temos a Bíblia como a Palavra de Deus inspirada, de modo algum podemos descartar o que ela afirma ser e também, até os dias de hoje a própria arquealogia que é uma ciência moderna, tem confirmado através das mais recentes descobertas apoios aos fatos relatados nas Escrituras.

Pesquisando a Concordância Bíblica Exaustiva Joshua podemos constatar que a palavra Roma aparece apenas 08 (oito) vezes em toda a Bíblia, sendo cinco vezes no livro de Atos (18.2; 19.21; 23.11; 28.14 e 28.16) duas vezes nas cartas aos Romanos (1.7 e 1.15) e uma única vez na carta a 2 Timóteo (1.17) e em todas elas, nenhuma passagem faz referência de que o apóstolo tenha fundado qualquer igreja em Roma ou assumido o bispado de alguma igreja daquela cidade.

A igreja cristã em Roma já funcionava a pleno vapor quando o apóstolo Paulo escreveu sua carta aos romanos e mesmo assim, sabemos que Pedro não se encontrava naquela cidade.

Os fundadores ou o fundador da igreja cristã em Roma não deixou registro de seu nome, mas podemos presumir que foi alguém que estava presente no acontecimento no dia de Pentecostes descrito no livro de Atos 2 quando Pedro fez seu discurso e quase três mil pessoas se converteram (At 2.41).

Outro fato interessante que prova que Pedro não estava em Roma e que não era bispo ou papa daquela igreja é que quando Paulo escreveu sua carta endereçada à igreja de Roma, ele [o apóstolo Paulo] não fez menção alguma a Pedro.

Vale salientar que essa carta foi escrita em aproximadamente no ano 58 d.C. segundo os estudiosos e pela tradição romanista, Pedro estaria no papado. Caso Pedro fosse o papa daquela igreja, seria um grande absurdo e até mesmo grosseria por parte de Paulo não citar ou ao menos mandar cumprimentar Pedro, pois isso além de falta de educação e ética pastoral, representaria também que Paulo queria tomar a direção da igreja romana.

Vemos que a atitude de Paulo ao escrever a carta a igreja de Roma, não fez menção alguma a Pedro, mas ele [o apóstolo Paulo] se dirige a essa igreja como um instrutor espiritual como podemos constatar na passagem abaixo:

> Primeiramente dou graças ao meu Deus por Jesus Cristo, acerca de vós todos, porque em todo o mundo é anunciada a vossa fé. Porque Deus, a quem sirvo em meu espírito, no evangelho de seu Filho, me é testemunha de como incessantemente faço menção de vós, pedindo sempre em minhas orações que nalgum tempo, pela vontade de Deus, se me ofereça boa ocasião de ir ter convosco. Porque desejo ver-vos, para vos comunicar algum dom espiritual, a fim de que sejais confortados; isto é, para que juntamente convosco eu seja consolado pela fé mútua, assim vossa como minha. Não quero, porém, irmãos, que ignoreis que muitas vezes propus ir ter convosco (mas até agora tenho sido impedido) para também ter entre vós algum fruto, como também entre os demais gentios. Eu sou devedor, tanto a gregos como a bárbaros, tanto a sábios como a ignorantes. E assim, quanto está em mim, estou pronto para

*também vos anunciar o evangelho, a vós que
estais em Roma* (Rm 1.8-15).

Hernandes Dias Lopes compartilha do mesmo tipo de
pensamento e com relação a isso, comenta:

> No capítulo 16 da carta aos Romanos, Paulo faz
> 26 saudações aos mais destacados membros da
> igreja de Roma e não menciona Pedro nenhuma
> vez. Seria inaceitável essa omissão de Paulo,
> caso Pedro fosse o bispo da igreja.
>
> Se Pedro já era bispo da igreja de Roma há 16
> anos (42 d.C. a 58 d.C.), por que Paulo diz:
> "Porque muito desejo ver-vos, a fim de repartir
> convosco algum dom espiritual, para que sejais
> confirmados" (Rm 1.11)? Não seria um insulto
> gratuito a Pedro? Não seria presunção de Paulo
> com o papa da igreja?
>
> Se Pedro fosse papa da igreja de Roma, por que
> Paulo diz que não costumava edificar sobre o
> fundamento de outrem: "Esforçando-me deste
> modo por pregar o evangelho, não onde Cristo
> já fora anunciado, para não edificar sobre
> fundamento alheio" (Rm 15.20)? Obviamente,
> Paulo disse isso porque Pedro não estava em
> Roma nem era o bispo da igreja de Roma
> (LOPES, 20058, pág. 45).

Outro fato interessante que é uma argumentação muito
forte em favor de afirmarmos que Pedro nunca foi papa da igreja
de Roma é o fato de Paulo estar preso nessa cidade e haver

convocado os principais judeus e reunindo-se com ele, ninguém ao menos cita o nome de Pedro:

> *E, logo que chegamos a Roma, o centurião entregou os presos ao capitão da guarda; mas a Paulo se lhe permitiu morar por sua conta à parte, com o soldado que o guardava. E aconteceu que, três dias depois, Paulo convocou os principais dos judeus e, juntos eles, lhes disse: Homens irmãos, não havendo eu feito nada contra o povo, ou contra os ritos paternos, vim contudo preso desde Jerusalém, entregue nas mãos dos romanos; os quais, havendo-me examinado, queriam soltar-me, por não haver em mim crime algum de morte. Mas, opondo-se os judeus, foi-me forçoso apelar para César, não tendo, contudo, de que acusar a minha nação. Por esta causa vos chamei, para vos ver e falar; porque pela esperança de Israel estou com esta cadeia. Então eles lhe disseram: Nós não recebemos acerca de ti carta alguma da Judéia, nem veio aqui algum dos irmãos, que nos anunciasse ou dissesse de ti mal algum. No entanto bem quiséramos ouvir de ti o que sentes; porque, quanto a esta seita, notório nos é que em toda a parte se fala contra ela* (At 28.16-22).

A passagem acima, mostra que os principais judeus que estavam em Roma nada sabia sobre a seita [do caminho] e nem defenderam Paulo naquela ocasião. Isso simplesmente mostra que se realmente Pedro fosse o papa da igreja de Roma, ele ao menos iria defender ou ao menos escrever em defesa do apóstolo Paulo.

Perguntamos: se Pedro foi papa de Roma, por que os principais judeus afirmaram que nada sabiam sobre a seita do caminho como era conhecido o cristianismo naquela época?

A resposta é bem simples: Pedro nunca foi o papa de Roma, pois ele omitindo ao menos escrever ou mesmo procurar defender Paulo, demonstra descaso pelo seu companheiro de ministério.

Ainda sobre o período que Paulo se encontrava preso em Roma, temos relato que ele escreveu quatro epístolas – Efésios, Filipenses, Colossenses e Filemon – ele:

> Envia saudações dos crentes de Roma às igrejas e não menciona Pedro em nenhuma dessas cartas. Ora, se nesse tempo, como diz o catolicismo romano, Pedro era ao bispo da igreja de Roma, faltou a Paulo respeito ou no mínimo cortesia com a maior autoridade da igreja. Ademais, se Pedro estava em Roma nesse tempo, como se deve entender a revelação referida no livro de Atos, em que Jesus disse a Paulo: "... Coragem! Pois do modo por que deste testemunho a meu respeito em Jerusalém, assim importa que também o faças em Roma" (At 23.11)? Se Pedro estava em Roma, não caberia a ele estar cumprindo esta função? Onde

se encontrava o suposto papa de Roma nessa ocasião?
Durante sua segunda prisão, Paulo escreveu sua última carta (2 Timóteo), em 67 d.C. Paulo diz que todos os seus amigos o abandonaram e que apenas Lucas estava com ele (2 Tm 4.10,11). Pedro estava lá? Se Pedro estava, faltou-lhe cortesia por nunca ter visitado e assistido Paulo na prisão (LOPES, 2005, pág. 46-47).

Após tudo o que foi relatado nessa seção, a conclusão mais que racional que poderemos chegar é que o apóstolo Pedro nunca foi papa de Roma e o catolicismo romano peca em propagar essa mentira.

Jesus, o chefe da igreja e não Pedro

> O Senhor Jesus dotou sua comunidade de uma estrutura que permanecerá até a plena consumação do Reino. Há antes de tudo a escolha dos Doze, com Pedro como seu chefe (Mc 3.14,15). Representando as doze tribos de Israel, eles são as pedras de fundação da nova Jerusalém. Os Doze e os outros discípulos (Lc 10.1,2) participam da missão de Cristo, de seu poder, mas também de sua sorte. Por meio de todos esses atos, Cristo prepara e constrói sua igreja (Catecismo da Igreja Católica, 1999, pág. 219).

A passagem referenciada no catecismo (Mc 3.14,15) diz: *"E nomeou doze para que estivessem com ele e os mandasse a pregar, e para que tivessem o poder de curar as enfermidades e expulsar os demônios"*. Esses versículos citado pelo catolicismo romano de modo algum demonstra que Jesus escolheu a Pedro como seu chefe.

Na realidade, o que esses versículos demonstram é que Jesus formou um grupo distinto de doze homens que se encontra em meio a seus seguidores, para eles pregarem, ter o poder de curar enfermidades e expulsar os demônios. O texto é bem explícito e não adianta querer acrescentar palavras não ditas por Jesus.

Já Lucas 10.1,2 está escrito: *"E depois disto designou o Senhor ainda outros setenta, e mandou-os adiante da sua face, de dois em dois, a todas as cidades e lugares aonde ele havia de ir. E dizia-lhes: Grande é, em verdade, a seara, mas os obreiros são poucos; rogai, pois, ao Senhor da seara que envie obreiros para a sua seara".*

Estes doze apresentados em Marcos eram os apóstolos de Jesus – um grupo enviado para cumprir uma missão específica, mas não há menção de que Pedro tenha sido posto como chefe deles, obviamente, o chefe deles em verdade era Jesus Cristo e não Pedro.

Com relação à citação que os doze apóstolos representavam *"as doze tribos de Israel, eles são as pedras de fundação da nova Jerusalém. Os Doze e os outros discípulos (Lc 10.1,2) participam da missão de Cristo, de seu poder, mas também de sua sorte. Por meio de todos esses atos, Cristo prepara e constroi sua igreja"* é "forçar a barra" e distorcer as Escrituras.

Assim como Moisés escolheu setenta anciãos como seus representantes, na passagem de Lucas 10.1,2 Jesus designou outros setenta discípulos que foram enviados a todas as cidades e lugares aonde Jesus iria e isso é exclusivo no próprio evangelho, pois esse comissionamento está registrado apenas no livro de Lucas.

As instruções dadas por Jesus são similares àquelas que ele transmititu aos 12 apóstolos que foram enviados à Galiléia em Lucas 9.1-6 e isso nada tem haver com a sucessão dos apóstolos.

Os defensores deste dogma católico alegam que sua posição é historicamente rastreável nas Sagradas Escrituras, especificamente observando-se as seguintes passagens:

E a Simão deu o nome de Pedro, Cefas, ou Rocha (Jo 1.42; Mc 3.16).

E os nomes dos doze apóstolos são estes: o primeiro, que é chamado Simão Pedro (Mt 10.2).

A alusão desse dogma de querer impor como Pedro sendo o chefe entre os doze cai por terra quando deixamos de isolar parte do texto, verificamos todo o texto e compreendemos o contexto.

O nome de Pedro sendo citado em primeiro lugar de modo algum lhe dá a primazia da igreja. A argumentação abaixo é retirada na Bíblia de Estudo MacArthur em sua nota marginal:

Os nomes dos doze apóstolos – Os 12 são sempre listados numa ordem semelhante (cf. Mc 3.16-19; Lc 6.13-16; At 1.13). Pedro é sempre citado em primeiro lugar. A lista contém três grupos de quatro nomes. Os três subgrupos são sempre listados na mesma ordem, e o primeiro nome de cada subgrupo é sempre o mesmo, embora exista alguma variação na ordem dentro de cada subgrupo – Judas, porém, é sempre o último a ser citado. **Pedro ... André ... Tiago ... e João.** O primeiro subgrupo de quatro é o mais familiar a nós. Esses dois conjuntos de irmãos, todos pescadores, representam o círculo mais interno de discípulos, frequentemente vistos mais perto de Jesus (Bíblia de Estudo MacArthur comentando Mateus 10.2)

Compreendido o contexto da passagem podemos declarar que a simples menção de um nome em primeiro lugar nessa passagem de modo algum quer dizer que ele é o chefe do grupo.

Mateus 17.1 nos mostra Jesus chamando para si "Pedro e aos irmãos Tiago e João" levando-os para um monte em particular. Isso quer dizer que esses três personagens (Pedro Tiago e João) compunham o círculo mais íntimo de Jesus e frequentemente podemos vê-los a sós com o Mestre.

Gálatas 2.9 está escrito: *"E conhecendo Tiago, Cefas e João, que eram considerados como as colunas, a graça que me havia sido dada, deram-nos as destras, em comunhão comigo e com Barnabé, para que nós fôssemos aos gentios, e eles à circuncisão".*

Forçando a hermenêutica a favor de Pedro, a igreja católica romana esqueceu de inverter ou trocar a ordem dos nomes dos apóstolos. Na vulgata latina também o nome de Tiago aparece em primeiro lugar em vez do nome de Pedro.

O romanismo cita este versículo na tentativa de sustentar os seus ensinos errados sobre a ordem do papado e segundo o conferencista, pastor e psicólogo Silas Malafaia, eles também utilizam o argumento da sua jurisdição.

Não é preciso citar que esse argumento também é falho, questionável e também não tem o respaldo bíblico (pág. 92). Nesse contexto, a citação dos nomes, diferentemente Mateus 10.2, a ordem é de importância; assim, vemos que Tiago o irmão de Jesus conforme podemos constatar na mesma carta no capítulo 1, versículo 19, ascendeu ao cargo proeminente da igreja de Jerusalém, ou seja, foi feito o chefe da igreja, Cefas ou Pedro estaria em segundo lugar.

O furado argumento da jurisdição também não tem respaldo bíblico, pois o campo de atuação de evangelismo dos apóstolos (no caso de Pedro e de Paulo) era heterogêneo: enquanto Pedro estava restrito à pregação aos judeus, embora tivesse batizado alguns gentios. Paulo exerceu seu ministério exclusivamente ao povo gentio. Além do mais, os apóstolos não demonstraram reconhecer a primazia de Pedro (MALAFAIA, 2004, pág. 92)

A passagem de Mateus 16.13-18, segundo o original grego, é uma figura de linguagem proferida por Jesus. A palavra Pedro significa Petrus conforme João 1.42 que são pequenos blocos rochosos, pequenos fragmentos de rochas removíveis e petra que na tradução literal do grego para o português tem o significado de pedra ou rocha (Dicionário do grego do Novo Testamento).

Pedro no original grego é Petros, e pedra é petra. Petros é uma pedra móvel, grande ou pequena, enquanto petra é uma rocha. [...] Alguns dizem que essa diferenciação não pode ser feita porque o Senhor falou em aramaico, uma língua na qual não há tais variações para essa palavra; no entanto, a inspiração do Novo Testamento veio do Espírito Santo, que usou um vocabulário diferente. Além disso, Jesus pode ter falado grego dessa vez, pois Ele era trilíngue e falava grego, aramaico e hebraico. Por outro lado, o trocadilho – petros e petra – não faria sentido e não há como citar a tradução em aramaico feita em outros trechos do livro porque isso não era comum, já que o grego era o idioma mais usado na época. A pedra sobre a qual Cristo edificaria Sua Igreja é a confissão de Pedro: Tu és o Filho de Deus, o Cristo (RADMACHER, ALLEN E HOUSE, 2010, pág. 49).

A palavra "Pedro" (Petros) significa fragmento de pedra, pedra pequena, removível, pedregulho, enquanto "pedra" (Petra) é rocha, fundamento inamovível. Petros é um nome próprio do gênero masculino, que significa um pedaço de rocha, enquanto Petra é um substantivo comum do gênero feminino que expressa a rocha sobre a qual Jesus edificaria a sua igreja. [...] o demonstrativo epi toute (sobre esta) encontra-se no feminino, ligando-se, portanto, gramatical e logicamente à palavra feminina Petra, à qual imediatamente precede. O demonstrativo feminino não pode concordar em número e genro com um substantivo masculino. Se Cristo tencionasse estabelecer Pedro como fundamento da igreja, teria dito: "Tu és Pedro e sobre ti (epi soi) edificarei a minha igreja" (LOPES, 2005, pág. 25)

Aplicando isso ao que Jesus disse a Pedro, ele quis dizer: "Tu és Petrus (que é Pedro) e sobre esta Petra (que é Jesus, a grande rocha irremovível) eu edificarei a minha igreja". Para ser mais claro, Jesus estava dizendo: "Tu Pedro, és um pequeno bloco rochoso, tu és uma pequena pedra removível; porém, sobre esta pedra grande, firme e que não pode ser removida, que sou eu, eu edificarei a minha igreja".

Quem é o fundamento da igreja? Pedro ou Jesus? A carta de 1 Coríntios 3.11 identifica e responde quem é a base ou o fundamento da Igreja: *"Porque ninguém pode pôr outro fundamento senão o que foi posto, que é Jesus Cristo".*

A passagem de 1 Coríntios é bem explicita e com isso só poderemos concluir que o fundamento da igreja é Jesus Cristo e não Pedro. Também poderemos concluir que Jesus Cristo é o edificador da igreja e não Pedro.

Assim também é lógico dizermos que Jesus Cristo é o dono da igreja e não Pedro e seus supostos sucessores (papa). E se apenas Jesus Cristo é o fundamento, edificador e dono da igreja, então é certo também afirmamos que Jesus Cristo é o protetor da igreja e não Pedro.

A pedra que é o fundamento da igreja – Jesus Cristo

Faremos uma breve análise das palavras do apóstolo Pedro sobre a pedra que é o fundamento da igreja. A Bíblia na versão católica traz o título "O fundamento e a missão da igreja", e nela está escrito:

> Chegai-vos para ele, como para a pedra viva, que os homens tinham sim rejeitado, mas que Deus escolheu e honrou. Também sobre ela vós mesmos, como pedras vivas, sede edificados em casa espiritual, sacerdócio santo, para oferecer sacrifícios espirituais, que sejam aceitos a Deus por Jesus Cristo. Por cuja causa se acha na Escritura: Eis aí ponho eu em Sião a principal pedra do ângulo, escolhida, preciosa, e o que crer nela não será confundido. Ela é pois honra para vós, que credes, mas para os incrédulos a pedra, que os edificantes rejeitaram, esta foi posta por cabeça do ângulo (1 Pe 2.4-7).

A quem Pedro se refere nestes versículos? Ele com toda certeza e sem sombra de dúvida, faz referência à sua declaração já citada em Mateus 16.16 dizendo que Jesus é o Cristo, o filho do Deus vivo, assim, podemos concluir que a principal pedra da

Igreja é Jesus Cristo e não Pedro como algumas pessoas pensam e querem que seja.

A pedra rejeitada pelos edificadores, esta é a pedra angular, ou seja, é a pedra principal de uma construção antiga. Portanto, o apóstolo Pedro, mais uma vez enfatizamos, não é o fundamento da Igreja conforme a apresentação distorcida de Mateus 16 é interpretada pelo catolicismo.

Radmacher, Allen e House nos lembram com relação sobre a pedra principal de esquina que

> Jesus é a base de sustentação onde o alicerce de todas as pedras vivas da casa espiritual (v. 5) é assentado (Is 28.16). Nas construções antigas, a pedra da esquina era a primeira a ser colocada sobre a fundação, e só depois todas as outras pedras eram alinhadas a ela. Sendo assim, já que somos parte da casa de Deus, nosso olhar deve estar sempre voltada para essa pedra (Hb 12.2) (RADMACHER, ALLEN e HOUSE, 2010, pág. 694).

Efésios 2.20 também relata sobre a quem é a pedra principal: *"Edificados sobre o fundamento dos apóstolos e dos profetas, de que Jesus Cristo é a principal pedra da esquina"*. O versículo 5 de 1 Pedro, capítulo 2 faz referência ao sacerdócio santo.

Esse sacerdócio santo corresponde ao sacerdócio celestial de Cristo, pois ele é Rei e sacerdote (veja Hb 7). No Antigo Testamento, essa função era exclusividade de uma minoria que nascia em determinada tribo podia ser sacerdote, mas agora depois do sacrifício vicário de Cristo, todos aqueles "que nasceram de novo e fazem parte da família de Deus, ou seja, todos os cristãos, são sacerdotes que têm o privilégio e a responsabilidade de oferecer a Deus sacrifícios espirituais (Rm 12.1,2; Hb 13.15,16) (RADMACHER, ALLEN e HOUSE, 2010, pág. 693)

A atividade distintiva daquele sacerdócio relatado no Antigo Testamento era oferecer sacrifício em prol do povo e comunicar-se diretamente com Deus. Agora, por meio de Jesus Cristo, todo crente é constituído sacerdote para o serviço de Deus: *"Disse-lhe Jesus: Eu sou o caminho, e a verdade e a vida; ninguém vem ao Pai, senão por mim"* (Jo 14.6).

Vale também lembrar que a sucessão apostólica nada tem haver de bíblico e também não era praticado pelos apóstolos. Lemos no livro de Atos que após reunir aproximadamente 120 pessoas no cenáculo em Jerusalém, Pedro toma a palavra e, citando o livro de Salmos, interpreta a recente desgraça vivida por Judas Iscariotes à luz das Escrituras Sagradas.

Essa explanação concedeu aos demais um entendimento claro acerca do episódio que, na concepção de muitos deles, não poderia constar na história messiânica (At 1.15,16).

Em seguida, Pedro sugere aos presentes sobre a necessidade da reposição da décima segunda dignidade apostólica (At 1.21-26), que foi deixada vaga pela morte de Judas.

O critério apresentado para ocupar a vaga obedecia três requisitos básicos para a escolha: primeiro, lembrou que semelhante posto exigia alguém que houvesse acompanhado Jesus desde o batismo de João até a ascensão. Segundo, que fosse testemunha de sua ressurreição e por último, que contasse com a aprovação do próprio Senhor.

Das 120 pessoas que se encontravam presente, apenas dois deles preenchiam os requisitos apresentados, então, os discípulos lançaram sortes e obtiveram do Senhor o resultado que apontava para Matias.

Se a sucessão apostólica fosse algo que eles praticavam, então por qual motivo eles lançaram sorte para saber quem seria o novo substituto de Judas Iscariotes? Lembramos que o fato de lançar sorte, nos remete ao Antigo Testamento, quando o sacerdote lançava sorte usando o Urim e o Tumim para saber qual era a vontade de Deus.

Torna-se necessário lembrarmos que, embora Pedro tenha sido o que levantou a questão da substituição de Judas, não podemos alegar e nem há traço algum em suas palavras que sugira a perpetuação do apostolado dos doze por meio de sucessores, como sugere a igreja.

Basta ver que não se encontra nas Escrituras semelhante providência sendo tomada após o martírio do apóstolo Tiago Maior, em 44 d.C. É interessante também ressaltar que a sucessão apostólica, visava à defesa da ortodoxia da fé, face aos ataques heréticos que a igreja primitiva vinha enfrentando, e com isso, não pode ser associado a esse episódio verificado no cenáculo.

A interpretação católica desse texto insiste que a pedra sobre a qual Jesus edifica sua igreja é o próprio Pedro, o que o tornaria o primaz dos apóstolos e, portanto, bispo monárquico de toda a igreja. Os teólogos romanistas, esquecem-se que há aqui um evidente jogo de palavras no grego original.

Jesus chama a Simão petros, ou seja, um pedregulho ou uma pedrinha. Diz, porém, que sobre uma petra, isto é, um rochedo ou uma penha, edificaria sua igreja. É mais razoável entendermos, a partir desse texto (e considerando-se todo o contexto bíblico), que a petra ou o rochedo sobre o qual Cristo constrói sua igreja é a fé ou certeza divinamente revelada de que Jesus é o Cristo, o filho de Deus, certeza que, aliás, foi naquele momento revelada ao apóstolo em questão. Pedro, em sua primeira epístola, após chamar a suas ovelhas de pedras vivas (1 Pe 2.5), deixa claro quem é aquele sobre o qual o edifício da igreja está fundamentado:

> Por isso, na Escritura se diz: Eis que ponho em Sião uma principal pedra angular, eleita e preciosa; e quem nela crer não será confundido. E assim para vós, os que credes, é a preciosidade; mas para os descrentes, a pedra que os edificadores rejeitaram, esta foi posta como a principal da esquina (1 Pe 2.6,7).

> A mesma ideia aparece também nos ensinos epistolares de Paulo, como vemos em 1 Coríntios 3.11: "Porque ninguém pode lançar outro fundamento, além do que já está posto, o qual é Jesus Cristo" (BARROS, 2006, pág. 483-485).

Quer concordemos ou não, não podemos de modo algum atribuir que Pedro seja o fundamento da igreja. Wiersbe lembra que Pedro cita Isaías e Salmos para descrever quem é a pedra que foi rejeitada pelos homens e eleita por Deus:

Portanto assim diz o Senhor Deus: Eis que eu assentei em Sião uma pedra, uma pedra já provada, pedra preciosa de esquina, que está bem firme e fundada; aquele que crer não se apresse (Is 28.16)

A pedra que os edificadores rejeitaram tornou-se a cabeça da esquina (Sl 118.22).

Vemos também que Jesus faz referência a essa passagem quando debatia com os líderes judeus:

Diz-lhes Jesus: Nunca lestes nas Escrituras: A pedra, que os edificadores rejeitaram, Essa foi posta por cabeça do ângulo; pelo Senhor foi feito isto, E é maravilhoso aos nossos olhos? Portanto, eu vos digo que o reino de Deus vos será tirado, e será dado a uma nação que dê os seus frutos. E, quem cair sobre esta pedra, despedaçar-se-á; e aquele sobre quem ela cair ficará reduzido a pó. E os príncipes dos sacerdotes e os fariseus, ouvindo estas palavras, entenderam que falava deles; e, pretendendo prendê-lo, recearam o povo, porquanto o tinham por profeta (Mt 21.42-46).

As chaves do reino dos céus dada a Pedro

E eu te declaro: tu és Pedro e sobre esta pedra edificarei a minha Igreja; as portas do inferno não prevalecerão contra ela. Eu te darei as chaves do Reino dos Céus: tudo o que ligares na terra será ligado nos céus, e tudo o que desligardes na terra, será desligado nos céus (Mt16.18,19).

A igreja católica romana caminha na contramão quando considera Pedro o seu fundador, dizendo que ele possui as chaves do céu e consequentemente a soberania sobre a igreja.

O romanismo ensina que Pedro foi sucessor de Cristo, sendo depois substituído por uma sequência de papas até chegar ao papa atual. Para defender a essa tese, a igreja de Roma se baseia na passagem do evangelho de Mateus que na versão católica diz:

> E veio Jesus para as partes de Cesareia de Felipe: e fez a seus discípulos esta pergunta, dizendo: quem dizem os homens que é o filho do homem? E eles responderam: Uns dizem que João Batista, mas outros que Elias e outros que Jeremias, ou algum dos profetas. Disse-lhe: E vós quem dizeis que sou eu? Respondendo Simão Pedro, disse: Tu és o Cristo, o filho do Deus vivo. E respondendo Jesus, lhe disse:

> Bem-aventurado és, Simão filho de João: porque não foi a carne e sangue quem te revelou, mas sim meu Pai que está nos céus. Também te digo que és Pedro, e sobre esta pedra edificarei a minha igreja, e as portas do inferno não prevalecerão contra ela. (Mateus 16.13-18).

O romanismo utiliza Mateus 16.18 para sustentar que Pedro é a base da igreja. De acordo com a hermenêutica bíblica, não se pode fazer doutrina de um trecho isolado das Escrituras, e utilizando uma palavra do Pastor Silas Malafaia sempre diz: "texto sem contexto é pretexto para heresia" e é exatamente isso que o catolicismo romano fez ao declarar Pedro seu chefe.

Na visão católica, Jesus concedeu à Pedro as chaves do céu e o poder de "ligar e desligar" (ou seja proibir e permitir) o céu à terra, isso em outras palavras quer dizer que se Pedro ligou na terra, Cristo também ligaria no céu.

Devemos nos atentar para o fato de que as chaves do Reino dos céus estão nas mãos do Todo-Poderoso Senhor dos céus e da terra. Este, sim, tem a chave da entrada para as mansões celestiais. Ele é o que abre e ninguém fecha, fecha e ninguém abre. Jesus não poderia entregar a chave do céu a um homem com tantas falhas como Pedro ou a qualquer outro.

Hernandes Dias Lopes assim comenta sobre essa passagem:

> O catolicismo romano insiste em alardear que a simbologia das chaves (Mt 16.19) significa supremacia jurisdicional sobre todo o cristianismo. Sabemos, contudo, que as chaves foram realmente outorgadas a Pedro para "abrir e fechar"; entretanto, devemos salientar que foram as chaves do "Reino dos céus" e não da Igreja que lhe foram concedidas. O Reino dos céus não é a igreja.
>
> As chaves do Reino não foram dadas só a Pedro, mas também aos demais apóstolos. Jesus disse: "Em verdade vos digo que tudo o que ligardes na terra terá sido ligado nos céus, e tudo o que desligardes na terra terá sido desligado nos céus" (Mt 18.18). Desta forma, em Mateus 18.18 essas chaves são dadas aos demais apóstolos, no contexto da aplicação da disciplina eclesiástica. Quando a Igreja aplica a disciplina de acordo com a Palavra de Deus, o Senhor ratifica essa disciplina, seja para ligar, seja para desligar.
>
> [...] As chaves dadas a Pedro, bem como aos demais apóstolos (Mt 28-18-20), foram usadas sabiamente por ele. As chaves simbolizam a autoridade de abrir o Reino dos céus aos homens por intermédio da proclamação do evangelho (LOPES, 2005 pág. 30-31)

Pelo exposto acima, sabemos pelas Sagradas Escrituras que o apóstolo Pedro usou essas chaves quando pregou o Evangelho de Cristo aos judeus, samaritanos e também aos gentios, porém é sempre bom lembrar que a autoridade ou posse das chaves em momento algum pode significar que o apóstolo tenha o poder de decisão de admitir ou mesmo recusar a entrada de alguém aos céus.

Essa autoridade pertence apenas a Deus, pois é ele quem salva e perdoa nossos pecados.

> Se paira, porém, alguma dúvida na mente do leitor sobre a questão dessas chaves serem a pregação do evangelho, precisamos informar, firmados na verdade das Escrituras, que a porta do céu não é aberta por Pedro. A porta é Jesus (Jo 10.9), e quem tem a chave que abre e ninguém fecha é só Jesus (Ap 3.7) (LOPES, 2005 pág. 32)

Em concordância à Lopes, outros estudiosos reafirmam que as chaves é o próprio Evangelho dado por Cristo. Vejamos as palavras de Lawrence O. Richards sobre o assunto:

> Os termos "ligar" e "desligar" eram usados de duas maneiras na época de Jesus. Os rabinos debatiam precisamente quando uma pessoa estaria ligada a manter um juramento e sob quais condições ela poderia ser libertada, ou desligada, dele. A frase também está relacionada com a competência dos rabinos de tomar outras decisões a respeito do ritual e da lei.

[...] Com base nisto, podemos supor que ligar e desligar sejam termos relacionados com os ensinamentos. A palavra grega ho, sendo neutra, também sugere que Jesus quer dizer que quaisquer que tenham sido as "coisas" ligadas ou desligadas por Pedro na terra também "foram ligadas" (lit.) ou desligadas no céu. Isto também é sugerido em Lucas 11.52, onde os mestres da lei são condenados por removerem "a chave da ciência", para que não somente eles deixem de entrar no reino, mas "impeçam os que estão entrando".

Se isto estiver correto, e a salvação propriamente dita for uma questão do uso das chaves, fica aparente que o que Jesus entrega a Pedro é o próprio evangelho – aquela mensagem que abre as portas da salvação. Esta mensagem liga e desliga, permite e proíbe, pois aqueles que reagem a ela com fé são bem vindos no reino de Deus, ao passo que aqueles que a rejeitam são excluídos.

[...] Pedro usou as chaves? Sim, realmente, pois ele recebeu o privilégio de proclamar em primeiro lugar aos judeus por ocasião do Pentecostes (Atos 2), e algum tempo mais tarde a Cornélio, que estava representando outra grande divisão bíblica da humanidade, os gentios (Atos 10) (RICHARDS, 2007, pág. 57).

R. V. G. Tasker assim interpreta a passagem da entrega das chaves ao apóstolo Pedro:

O Mestre lhe confiaria as "chaves" da autoridade. Ele teria o poder de "ligar e desligar", isto é, de dizer qual conduta e qual não era digna dos que estavam sujeitos ao governo de Deus e à "lei de Cristo", e suas decisões levariam a sanção divina. Deste último poder os demais apóstolos foram investidos também (ver 18.18) e não há nada que sugira que os sucessores de Pedro no centro da cristandade, onde trabalharia por último, gozariam os mesmos privilégios e teriam a mesma autoridade espiritual de Pedro (TASKER, 2008, pág. 126-127).

O Manual Bíblico de Halley faz uma interpretação do versículo 19 sobre as chaves do Reino dos céus como se segue:

A interpretação comum desse versículo é que Pedro abriu a porta da salvação aos judeus no dia de Pentecostes (At 2), e posteriormente aos gentios (At 10). Não lhe foi concedido o poder para perdoar os pecados, mas para proclamar as condições do perdão. Seja qual for a autoridade assim outorgada a Pedro, foi também outorgada aos demais apóstolos (Mt 18.18; Jo 20.23) – e isso somente no sentido de poderem declarar o perdão da parte de Cristo (HALLEY, 2001, pág. 478).

Aramis C. De Barros assim interpreta a autoridade dada a Pedro na entrega das chaves do Reino:

Da mesma sorte, podemos imaginar que as chaves do reino dos céus, prometidas por Cristo a Pedro (Mt 16.19), referem-se especificamente ao sinal de poder ou autoridade para "abrir" ou iniciar a propagação da mensagem salvífica entre as nações. Por sinal, vemos o cumprimento desse vaticínio durante o Pentecostes quando Pedro, cheio do Espírito, abriu a porta de ingresso no Reino de Deus, ao ministram com sucesso a Palavra para as multidões que se comprimiam nas ruas de Jerusalém.

De fato, após o estabelecimento da igreja, a honra de ser o primeiro e apregoar a mensagem do evangelho – abrindo as portas do reino dos céus – coube àquele que, dentre os doze apóstolos, foi o primeiro a reconhecer Jesus como o filho do Deus vivo (BARROS, 2006, pág. 485).

Finalizando essa seção, faremos primeiramente a citação do grande teólogo e erudito da Bíblia, o professor F. F. Bruce que em breves palavras relata sobre as chaves do Reino dos céus e em segundo, citaremos apenas a passagem de Mateus 18.

Bruce faz citação às chaves do Reino do céus, dizendo que a "autoridade para ligar ou desligar não é a de admissão ou exclusão, mas de decidir o que é e o que não é a vontade de Deus. Essa última promessa em 18.18 é estendida não somente aos outros discípulos, mas por dedução, a todos os cristãos espirituais" (BRUCE, 2012, pág. 1088).

Em verdade vos digo que tudo o que ligardes na terra será ligado no céu, e tudo o que desligardes na terra será desligado no céu. Também vos digo que, se dois de vós concordarem na terra acerca de qualquer coisa que pedirem, isso lhes será feito por meu Pai, que está nos céus. Porque, onde estiverem dois ou três reunidos em meu nome, aí estou eu no meio deles (Mt 18.18-20).

Creio não ser mais necessário dissertar mais sobre o assunto, pois a confirmação do que foi escrito está na própria Escritura.

A controvertida primazia de Pedro no papado

Sem dúvida alguma, podemos afirmar que o assunto sobre a primazia de Pedro ao papado é um tema polêmico que gera discussões acirradas entre católicos e protestantes, pois esse primeiro grupo, defende essa primazia; já os protestantes repudiam essa interpretação, por considerem uma distorção bíblica.

Como tivemos a oportunidade de verificar pelos relatos anteriores, podemos contestar essa suposta primazia relatada pelo romanismo. Sabemos também pelas Escrituras que o primado de Pedro sobre a igreja não é correto e também não é reconhecido pelos demais apóstolos.

Porém, não podemos negar que esse apóstolo desempenhou um papel que as vezes o colocava a frente e, é exatamente por isso que alguns erroneamente concluem que Pedro foi o líder da igreja.

Analisando o livro de Atos e algumas passagens bíblicas, perceberemos que Pedro realmente, devido à sua personalidade, tinha uma predisposição natural de liderança, pois às vezes o vemos sendo uma espécie de porta-voz entre os doze escolhidos por Cristo.

Como exemplo, pode-se citar que antes do Pentecostes, Pedro desempenhava um papel que não era digno de ser seguido, pois era contraditório algumas vezes autoconfiante por outras, dorminhoco em algumas, violento, medroso e desprovido de entendimento, conforme Lopes argumenta sobre a vulnerabilidade de Pedro para ser a pedra fundamental da igreja.

Mas, logo após o derramamento do Espírito no cenáculo, Pedro corajosamente proferiu um discurso que poderia apontá-lo como um grande líder.

Se os evangelhos deixam alguma dúvida acerca do senso de liderança apostólica de Pedro, o mesmo não se pode dizer do texto de Atos. Ali, desde os primeiros versículos, ele emerge como um dos campeões da causa cristã, destacando-se dos demais líderes da Igreja primitiva, ainda predominantemente judaica. Longe de suas constantes e prejudiciais variações emocionais, o discípulo retratado em Atos apresenta-se, basicamente, como um líder cristão seguro em suas decisões ministeriais, teologicamente bem fundamentado e frequentemente disposto a sofrer os danos mais penosos pela causa do evangelho de Cristo... (BARROS, 2006, pág. 417-418)

O mesmo autor relata sobre a liderança de Pedro no dia de Pentecostes e sobre o entendimento de ser ele o líder da Igreja:

> Entretanto, as mesmas Escrituras que evidenciam sua liderança, mostram também que ela não era absoluta nem universal, como se pretende nos meios teológicos católicos. Após seu primeiro contato evangelístico com gentios em Cesareia, por exemplo, Pedro teve de explicar-se diante dos anciãos da igreja de Jerusalém, sobre seu relacionamento com incircuncisos (At 11.1-18).
>
> O fato de Pedro e João terem sido enviados por esses mesmos anciãos em missão à Samaria (At 8.14), para orientar os trabalhos de Filipe, demonstra que ambos os apóstolos estavam sujeitos às deliberações desse conselho. Não somente a Bíblia, mas também a tradição eclesiástica sugere que o líder da igreja de Jerusalém – a primeira a se organizar – foi Tiago, chamado o Justo, meio-irmão de Jesus e não Pedro.
>
> É a esse Tiago que Pedro manda satisfações sobre sua partida de Jerusalém em 44 d.C. (At 12.17). O mesmo Tiago é quem dirige o primeiro concílio da igreja, em Jerusalém, e dá a palavra final sobre ele (At 15.6-22). Rui Barbosa, em sua versão da obra de Janus O papa e o concílio (pg. 53-54) comenta o tema:
>
> > Os que buscam vincular a Pedro a soberania do papa começam esquecendo a primeira manifestação coletiva da

igreja, o concílio de Jerusalém, tipo necessário de todos os outros, no qual a preponderância na definição do ponto controvertido coube, não ao apelidado 'príncipe dos apóstolos', mas a Tiago, bispo da cidade, irmão do Senhor...

Essa primeira decisão conciliar da cristandade transmitiu-se às igrejas da Síria, Antioquia e Calicia em nome dos apóstolos, anciãos e irmãos (apostoli, seniores, frates), sem que a individualidade particular de Pedro fosse ao menos mencionada ali (BARROS, 2006, pág. 482-483).

Barros ainda argumenta sobre a incoerente postura de Pedro em relação aos gentios de Antioquia "deu-se imediatamente à chegada de alguns da parte de Tiago (Gl 2.12-14), o que sugere que o apóstolo nutria, até aquela época, receios sobre como sua posição repercutiria diante dos anciãos de Jerusalém, dos quais Tiago era o líder" (BARROS, 2006, pág. 483).

É também interessante notarmos que em Gálatas 2.9, o apóstolo Paulo cita o nome de Tiago como coluna da igreja antes de seu próprio nome e de João. Era costume dos tempos bíblicos, citar ou fazer menção de nomes por ordem de importância. Assim sendo, o que podemos concluir é que Tiago era o primeiro, o mais importante, o líder da igreja primitiva e não Pedro como querem os católicos romanos.

> Outro ponto relevante que não pode ser esquecido na análise da primazia de Pedro é que, em nenhum momento nas Escrituras, vemos a supremacia da autoridade petrina sobre o trabalho de Paulo. Muito ao contrário, Paulo deixa claro que sua autoridade apostólica também emana da mesma fonte de onde a de Pedro procede.
> [...] Basicamente, a autoridade bíblica para a doutrina da primazia de Pedro decorre, segundo a teologia romanista, das passagens de Mateus 16.13-19 e paralelas, dentre as quais se destaca o episódio narrado por Mateus, em que, após as palavras de Pedro que confessam Jesus como o Cristo, filho do Deus vivo (BARROS, 2006, pág. 483).

Ainda sobre a primazia de Pedro, de acordo com a tradição católica, como base de toda a igreja e consequentemente ao papado, sendo esse o representante católico e que a sucessão, remonta a tempos imemoriais do cristianismo, Aramis Barros diz que essa doutrina foi firmada "pelo Concílio de Florença em 1439, a primazia de Pedro tornou-se artigo de fé durante o Concílio Vaticano 1, em 1870, vindo a ser confirmada pela segunda edição do mesmo concílio, em 1964".

Esclarece ainda que "embora não expressasse claramente a supremacia petrina, foi o mestre patrístico Cipriano de Cartago (200-258 d.c.) quem primeiro formulou a doutrina da sucessão apostólica, naquilo em que se aplica a primazia do bispo romano" (BARROS, 2006, pág.485).

Como vimos, a suposta primazia de Pedro e também a sucessão papal não é um fato histórico, nem bíblico e muito menos apostólico.

O que podemos constatar é que foi uma trama desenvolvida para envolver as pessoas e essa trama acabou sendo aceita como uma verdade, mas na realidade não passou de uma "ânsia de dominação universal dos césares romanos, agora sob uma roupagem cristã" como escreveu Barros (pág. 500-501).

Teria Simão Pedro, o apóstolo de Cristo o primeiro papa?

Alguns dos argumentos aqui apresentados têm como base a obra de Aramis C. de Barros, a qual argumenta que embora a primazia petrina seja alvo de muitas tradições e como temos visto, também de contradições da "igreja pós-apostólica", algumas perguntas importantes devem ser formuladas e analisadas.

Uma dessas perguntas é a mais natural e direta de todas: há alguma base histórica ou bíblica para que possamos aceitar que Simão Pedro foi o primeiro papa?

Teria ele recebido ou reclamado para si o título de bispo universal, ou Pontificex Maximus, exercendo assim a autoridade eclesiástica suprema sobre todo o planeta? Ou ainda, teriam os bispos da sé romana – dele sucessores – desfrutando de autoridade superior aos líderes das demais comunidades cristãs espalhadas pelo mundo? E o que dizer da própria Roma, teria sua congregação sido fundada por Pedro, ou ainda, teria o apóstolo para lá transferido seu trono, estabelecendo naquela cidade sua primazia sobre a igreja universal (ou católica)? Respostas adequadas e desapaixonadas para questões como essas são cruciais para a abordagem equilibrada da controvérsia sobre a

primazia petrina e sua relação com o papado
(BARROS, 2006, pág.485-486).

"Petrus Apostili Potstatem Accipiens, isto é, aquele que recebe autoridade do apóstolo Pedro" prossegue Barros, "é o significado atribuído pelos católicos, ao termo papa, assim como também Pater Pastor, ou seja, o pai dos pastores".

À luz do entendimento da igreja católica, os versículos 18 e 19 de Mateus 16 fazem sentido. Porém, os livros da história eclesiástica, história universal e por assim dizer, os documentos históricos primitivos mostram outra realidade a qual o catolicismo romano tenta camuflar, pois sabe-se que o termo papa, inicialmente, não possuía qualquer relação com os significados acima citados.

Papa (pai) era apenas uma expressão carinhosa e reverente dirigida a diversos bispos da igreja primitiva e não apenas ao líder da igreja romana. "É possível encontrar em alguns escritos antigos o termo papa dirigido, por exemplo, a Cipriano, bispo de Cartago, ou a Atanásio de Alexandria", enfatiza Barros.

Com o passar do tempo, o termo ganhou exclusividade no Ocidente, passando a ser empregado apenas para o líder eclesiástico romano, ao contrário do Oriente, onde os bispos de várias comunidades cristãs continuaram, por algum tempo, a ser chamados por esse afável tratamento. Emanuel de Moraes acrescenta com muita procedência:

> Aproximadamente em dez séculos de cristianismo, tomando-se como marco final o concílio de Roma, promovido por Gregório VII em 1081, o título papa – que não se distinguia do nome do bispo – podia ser empregado com relação a todos os chefes das províncias eclesiásticas; só nesse momento passou a ser de uso exclusivo do pontífice da sé romana, mas depois adquiriu o significado de bispo universal, politicamente equivalente ao do monarca absoluto (BARROS, 2006, pág.486).

A pergunta ainda permanece, teria Pedro sido o primeiro papa? Certamente que não, pois se ele fosse e tivesse a primazia entre os outros apóstolos, certamente leríamos sobre isso na Bíblia, porém, o Novo Testamento nem ao menos faz essa referência ou mesmo pretensão de ser o apóstolo Pedro o primeiro papa; o que fica em desacordo com a afirmação católica romana.

A partir daí podemos até perguntar: a Bíblia sendo indiscutivelmente a Palavra de Deus não reconhece em todo o

Novo Testamento a autoridade de Pedro sobre os demais apóstolos e muito menos dele exercer autoridade sobre eles, enquanto a tradição da igreja católica afirma o contrário.

Em quem devemos crer? Na Bíblia ou nas supostas afirmações da igreja católica romana que a história comprovam esses erros?

Certamente que o verdadeiro cristão responderá sem titubear que devemos crer nos relatos bíblicos. Mas, para não passarmos como ditador, apresentaremos alguns singelos argumentos que desmascaram essa farsa romanista.

Em primeiro lugar poderemos citar o capítulo 1 do livro de Atos quando Matias assume o lugar ocupado por Judas Iscariotes. Se Pedro fosse realmente o líder da igreja como pretende o catolicismo romano, certamente ele teria autonomia para nomear diretamente a Matias e vemos que não foi assim.

Em segundo lugar, vemos que Pedro é submisso às ordens dos apóstolos quando ele e João são enviados à Samaria (At 8.14,15). Se Pedro realmente fosse o líder da igreja, ele enviaria alguém com João e ficaria tomando conta dos assuntos apostólicos, mas vemos que ele obedece às ordens ao invés de dar as ordens. Isso por si só é um forte argumento contra a suposta autoridade de Pedro.

Em terceiro lugar, vemos que as questões doutrinárias da igreja não era comunicado por Pedro ou a seu mando e nem ao menos decidida por ele. Em Atos 15.13-21, vemos que o concílio de Jerusalém (o primeiro) é dirigido por Tiago e não por Pedro.

Também vemos que a decisão final foi proferida por Tiago. Se Pedro realmente fosse o líder da igreja, era ele quem presidiria esse concílio e daria a palavra final. As Escrituras Sagradas mostram o contrário.

Em quarto lugar, vemos que os apóstolos são vistos como iguais entre si e com a mesma autoridade. Não há privilégio algum para Pedro ou mesmo uma distinção. Se Pedro realmente fosse o líder da igreja, essa distinção seria citado nas páginas da Bíblia.

Em quinto lugar, também vemos que Pedro não reivindicou a autoridade papal. Esse é um argumento que prova que Pedro não foi o tão desejado papa que a igreja católica intitula.

Vemos que Pedro não aceitava veneração de homens. Um fato bíblico que mostra essa realidade é quando Cornélio iria adorar Pedro e imediatamente o apóstolo disse: "Ergue-te, que eu também sou homem" (At 10.26).

Em sexto lugar, Pedro se autodenominava servo e apóstolo de Cristo quando escrevia suas cartas e se considerava presbítero entre os outros presbíteros. Se realmente Pedro fosse o líder da igreja, ele se identificaria como tal e vemos que na Bíblia, não tem palavra alguma sobre o bispado de Pedro em Roma e nem dele ter sido o fundador da igreja em Roma.

Em sétimo lugar vemos que todas as vezes que os discípulos discutiam sobre a primazia entre eles, Jesus os reprovava e isso ocorreu em três circunstâncias (veja em Mateus 20.25-28; Marcos 9.35 e Lucas 22.24). A repreensão de Cristo trazia apenas uma mensagem que o catolicismo romano não aprendeu: o chefe da igreja é Jesus Cristo e não Pedro.

Para finalizar nossa argumentação de que Pedro não foi o primeiro papa, citaremos um fato que pode ser comprovado pelos livros de história da humanidade e ou escolares; não possuindo, temos a opção de encontrá-los em qualquer biblioteca.

O fato mais interessante é que até o século IV depois de Cristo, a igreja nada tinha a ver com o catolicismo romano. Fato esse atestado por Hernandes Dias Lopes:

> Os cristãos primitivos foram queimados vivos, jogados nas arenas para serem pisoteados pelos touros enfurecidos, enrolados em peles de animais para serem mordidos pelos cães, foram lançados nos anfiteatros para serem devorados pelos leões esfomeados da Líbia. Mas, eles enfrentaram a morte com galhardia, e mesmo marchando para o martírio, glorificavam a Deus pelo privilégio de sofrerem pelo nome de Cristo.
> Essa igreja sofredora não foi a igreja romana, nem a igreja romana é a igreja mãe. A história atesta com abundantes provas que a igreja mãe é a Igreja apostólica, uma igreja bíblica, comprometida com a Palavra de Deus e com o testemunho fiel do evangelho (LOPES, 2005, pág. 61-62).

Assim, vemos que uma coisa é a Igreja apostólica e outra é a igreja católica romana; essa última só aparece após a suposta conversão do imperador Constantino ao cristianismo quando foi declarada religião oficial do império.

O problema maior em se aceitar que as duas igrejas é a mesma coisa, reside no fato históricos dos cristãos serem perseguidos e com a suposta conversão de Constantino que facilitou a paganização dentro das igrejas; os cristãos deixaram de ser perseguidos e passaram a ser os perseguidores.

Sabemos pela história que o imperador passou a ser o chefe da igreja e do Estado e as pessoas que assim como ele, se convertiam, recebiam benefícios e apoio do imperador.

O que aconteceu que as igrejas ficaram cheias, não de pessoas convertidas, mas de pessoas que traziam suas crendices e doutrinas para dentro da igreja; na verdade, "a porta de entrada da igreja passou a ser a conveniência e não a conversão" e com a igreja cheia de não convertidos, ela acabou desviando-se da doutrina dos apóstolos.

Infabilidade papal

O dogma da infabilidade papal pode ser observado à luz do livro de Gálatas, onde encontramos uma censura do apóstolo Paulo de Tarso referente a postura de Pedro, reconhecido como primeiro pontífice pela tradição católica.

Segundo consta na Escritura, Paulo acusou Pedro, o primeiro papa católico segundo a doutrina romanista, de não saber lidar com os gentios convertidos: *"Quando, porém, Pedro veio a Antioquia, resisti-lhe francamente, porque era censurável"*; na Bíblia de versão católica, esse versículo está assim escrito: *"Ora tendo vindo Cefas a Antioquia: eu lhe resisti na cara, porque era repreensível"* (Gl 2.11).

> Qualquer pessoa que se torna culpada de erro e hipocrisia deve ser confrontada e repreendida. Isso sem favoritismo. Até mesmo uma pessoa de destaque como o apóstolo Pedro, que foi grandemente usado por Deus, necessitou de uma repreensão corretiva. As Escrituras indicam que Pedro reconheceu a sua falta e aceitou a repreensão de Paulo com humildade e arrependimento. Posteriormente, em uma de suas cartas, Pedro fez referência a Paulo como "nosso amado irmão" (2 Pedro 3.15) (MALAFAIA, 2004, pág. 103).

Quando vi que o seu procedimento não era segundo a verdade do Evangelho, disse a Pedro, em presença de todos: Se tu, que és judeu, vives como os gentios, e não como os judeus, com que direito obrigas os pagãos convertidos a viver como os judeus? (Gl 2.14).

O exemplo hipócrita de Pedro sugeria que os gentios tinham de se comportar como judeus para receberem a graça do Senhor. Pelo texto vemos que Pedro não andava conforme a verdade do evangelho da graça de Deus.

Em Gálatas 2.1-5 já havia sido decidido que não convinha obrigar os gentios a viverem como judeus porque a salvação se dava apenas por meio da fé.

Assim, vemos que como quer a igreja católica, o primeiro papa, Pedro era falho e agia com hipocrisia junto aos seus, porém, o evangelho não esconde isso e nem outras coisas, pois também afirma que ele negou Jesus.

Já o dogma da infalibilidade papal, ao contrário das Escrituras, procura ocultar falhas do papa. Basta nos lembrarmos que ele [o papa] é tão falho como Pedro foi e como todos nós também somos.

Infalibidade é a qualidade ou caráter de infalível, que não falha, que nunca se engana ou erra (Dicionário Aurélio).

Essa prerrogativa foi atribuída à igreja e ao papa para (ao meu entendimento) não serem questionados e vir dúvidas com relação às decisões, ou seja, é uma maneira bem discreta de assumir o poder para assim, dominar e impor as questões pertinentes à fé e aos costumes.

O Catecismo da Igreja Católica diz a esse respeito da infalibilidade papal:

> Goza desta infalibilidade o Pontífice Romano, chefe do colégio dos Bispos, por força de seu cargo quando, na qualidade de pastor e doutor supremo de todos os fiéis e encarregado de confirmar seus irmãos na fé, proclama, por um ato definitivo, um ponto de doutrina que concerne à fé ou aos costumes... A infalibilidade prometida à Igreja reside também no corpo episcopal quando este exerce seu magistério supremo em união com o sucessor de Pedro", sobretudo em um Concílio Ecumênico. Quando seu magistério supremo, a Igreja propõe alguma coisa "a crer como sendo revelada por Deus" e como ensinamento de Cristo, "é preciso aderir na obediência da fé a tais definições". Esta infalibilidade tem a mesma extensão que o próprio depósito da Revelação divina (Catecismo da Igreja Católica, 1999, pág. 255).

A infalibilidade papal é o dogma da teologia católica, que afirma que o papa em comunhão com o Magistério, quando delibera e define solenemente algo em matéria de fé ou moral (os costumes), está sempre correto.

Isto porque acredita-se que o papa goza de assistência sobrenatural, o preserva de todo o erro.

O uso da infalibilidade é restrito somente às questões e verdades relativas à fé e à moral (costumes), que são divinamente reveladas ou que estão em íntima conexão com a revelação divina.

Uma vez proclamada e definida solenemente, estas matérias de fé e de moral transformam-se em dogmas, ou seja, em verdades imutáveis e infalíveis que qualquer católico deve aderir, aceitar e acreditar de uma maneira irrevogável.

Quando a igreja católica romana afirma que o papa é irrepreensível, faz referência ao dogma da infalibilidade criado em Julho de 1870. Conta a história que nessa data o papa Pio IX convocou um concílio geral dos prelados da igreja romana. Após intensos debates concluiu-se que a infalibilidade residia somente no papa, e decidiu-se oficializar a nova doutrina como um dos artigos da fé romana.

Porém, vários erros cometidos por Pio IX e outros pontífices comprovam exatamente o contrário: que o papa, como qualquer outro homem, é falível. Um exemplo: o papa Sixto V, achando que as cópias da Bíblia estavam adulteradas, ordenou que o concílio publicasse uma nova edição mais correta.

Assim, em 1590 foi editada a nova Bíblia Católica "Vulgate Editions", cujo texto de apresentação dizia o seguinte: "Esta é a atual vulgata, prescrita e decretada como autêntica pelo Concílio de Trento, e que deve ser usada em todas as igrejas do mundo cristão como legítima". Nenhuma edição poderia substituí-la sem expressa permissão do pontífice. Porém, após a morte do papa Sixto V, a Bíblia desse papa foi denunciada ao seu sucessor como cheia de imperfeições. E substituída. E para onde foi a infalibilidade papal? (MALAFAIA, 2004, pág. 103-104).

A Igreja Católica acredita no dogma da infalibilidade papal porque ela, governada pelo papa em união com os seus bispos, professa que ela é o autêntico sacramento de Jesus Cristo à humanidade para a sua salvação. A igreja católica acredita também que este dogma é o efeito real da promessa de Cristo de preservar a sua Igreja através dos séculos.

O papa é irrepreensível?

Gálatas 2.11: *"Ora tendo vindo Cefas a Antioquia: eu lhe resisti na cara, porque era represensível"*.

"Muitos papas conquistaram esse título por dinheiro; outros, considerados legítimos, foram condenados como hereges; e muitos, pela ganância do cargo foram envenenados por seus rivais" é o que nos conta Hernandes Dias Lopes (pág. 70).

Embora os crentes do catolicismo romano creem e historicamente os papas se consideram infalíveis quando ensinam a toda a igreja, coisas pertencentes a fé e também nas questões morais que determinam o que é necessário para salvação, vemos através da história que essa infalibilidade não se sustenta.

Lopes citando Adolfo Robleto nos apresenta alguns exemplos bem práticos, afirmando que historicamente houve papas hereges, dizendo que "o papa Libério creu na heresia ariana". Cita também que após a morte do papa Honório I, ele foi denunciado como herege pelo "Sexto Concílio, celebrado no ano 680", confirmado pelo papa Leão II "e de igual modo o fizeram outros concílios subsequentes" (pág. 71).

Ademais, os papas estabeleceram vários dogmas frontalmente contrários à Palavra de Deus. Inocêncio III, em 1215, instituiu a inquisição papal. Inocêncio IV, 15 anos depois, legalizou a tortura. Em 1478, Sixto IV sancionou a inquisição espanhola.

A inquisição romana foi organizada por Paulo III e administrada com zelo especial por Paulo IV (1555-1559). Leão X afirmou que a queima de dissidentes religiosos era de expressa revelação do céu.

[...] Os papas dizendo-se infalíveis, estiveram embriagados com o sangue dos cristãos: 1) Em 1208, exterminaram os cristãos albigenses na França; 2) na Espanha, foram mais de 300 mil cristãos martirizados e banidos; 3) Carlos I (1500-1550) eliminou por ordem do papa cinquenta mil cristãos alemães; 4) o papa Pio V nos anos 1566 a 1572 exterminou cem mil anabatistas; 5) o papa Gregório XIII, em 1572, organizou com os Jesuítas o extermínio dos protestantes da França. Na noite de São Bartolomeu, em 24 de agosto de 1572, foram mortos 70 mil huguenotes, calvinistas franceses; 6) o monarca alemão Fernando II, instigado pelos jesuítas começou a guerra dos trinta anos, que tirou a vida de 15 milhões de pessoas (LOPES, 2005, pág. 72-73).

Acrescentado a esta lista, citaremos também que os papas dizendo-se infalíveis, declararam heréticas as descobertas científicas condenando essas descobertas como falsas, aqui me referindo à Copérnico e Galileu Galilei.

Em relação a dogmas da fé, eles criaram dogmas contrária ao que ensinam as Escrituras Sagradas, um exemplo disso, é que eles criaram e instituíram o culto a Maria, a mãe de Jesus entre outros.

Os papas, sendo infalíveis, criaram muitos dogmas contrários às Escrituras, ao longo da história, como podemos constatar: em 431 d.C., foi instituído o culto a Maria. Esta, por intermédio dos dogmas papais passou a ser: Mãe de Deus, Imaculada, Intercessora, Co-redentora, rainha do céu. Em 503 d.C., foi instituído o purgatório. Em 787 d.C., foi instituído o culto às imagens. Em 913 d.C., foi instituída a canonização dos santos. Em 1184 d.C., foi instituída a inquisição, responsável pelo martírio de centenas de milhares de cristãos, na Idade Média, na pré-Reforma, bem como no período pós-Reforma. Em 1190 d.C., foi instituída a venda das indulgências. Em 1216 d.C., instituiu-se a confissão auricular. Em 1215 d.C., foi decretado pelo papa o dogma da transubstanciação. Em 1546 d.C., no Concílio de Trento, foram incluídos os livros apócrifos no cânon. Em 1854 d.C., foi instituído o dogma da Imaculada Conceição. Em 1870 d.C., no concílio Vaticano, foi instituído pelo papa Pio IX o dogma da infalibilidade papal. Em 1950 d.C., por decreto do papa, foi firmado o dogma da assunção de Maria, ou seja, Maria ressuscitou dentre os mortos e foi elevada aos céus, à semelhança de Jesus, para ser a rainha do céu (LOPES, 2005, pág. 73-74).

Após todos esses relatos, é mais que evidente que mesmo falando em questão de fé e da moral para salvação, os papas são falíveis e mais uma vez devemos enfatizar: somente Deus é infalível.

Purgatório

Antes de iniciarmos a questão sobre o purgatório, se faz necessário apresentarmos uma definição sobre o que é o purgatório, antes de descrevermos a doutrina que o cerca.

O termo "purgatório" deriva-se de purgatorium. O purgatório é um lugar, estado de purificação temporário para os que morreram em estado de graça, mas que ainda não atingiram a perfeição exigida para a visão beatífica, (reconhecido pelos católicos, duvidoso entre os ortodoxos, o purgatório é rejeitado entre os protestantes). Qualquer lugar onde se sofre por algum tempo. Expiação. (Grande Enciclopédia Larousse Cultural, volume 20, página 4847).

Para o catolicismo romano, o purgatório é um lugar entre o céu e o inferno para onde vão as almas de todos os que partem desta vida. Ali, essas almas teriam de purgar as manchas ou os pecados chamados "veniais" (desculpáveis) que lhes tenham ficado da vida terrena, antes de poderem entrar no céu.

Na Grécia, segundo a história, a doutrina do purgatório começou com o filósofo Platão, que alimentava a esperança de uma salvação final para todos e admitia que, entre as pessoas que morriam, havia umas que, após julgadas, deveriam ficar primeiro num lugar intermediário de sofrimento até que fossem purificadas de suas culpas. Em Roma, certos escritores pagãos, entre eles o renomado poeta Virgílio, descreviam as diferentes torturas experimentadas no purgatório.

Os hindus e os budistas creem na transmigração das almas e na existência do céu e do inferno onde essas almas não renascidas imediatamente passariam um certo tempo, de acordo com as suas obras, antes da próxima encarnação. Esses lugares são, na verdade, equivalentes ao purgatório, visto que representam estados intermediários no longo processo da alma para uma eventual salvação.

O espiritismo também apoia a doutrina do purgatório ao defender a existência de um processo evolutivo (ou cármico) por meio do sofrimento na carne, a fim de que o indivíduo ganhe nova oportunidade de vida na outra reencarnação.

[...] O purgatório na igreja católica originou o comércio escandaloso das indulgências por intermédio das quais era vendida a entrada no céu. Isto ocasionou a Reforma Protestante no século 16, quando o monge Martinho Lutero, líder reformador, professor das Escrituras em Wittenberg, na Alemanha, escreveu as 95 teses em latim, protestando os abusos do clero, e as afixou na porta da catedral. Além do protesto contra as indulgências, essas teses repudiavam entre outros ensinamentos, também a questão do purgatório (MALAFAIA, 2004, pág. 41-43)

Apresentando um pouco mais de história, vemos que o Concílio de Florença (1439), confirmou o dogma do purgatório, e o de Trento, de 1545 a 1563, realizado no Norte da Itália, igualmente o ratificou. Este último concílio debateu em grande parte como reagir à Reforma Protestante, ocorrida em 1517, que já havia se difundido pelo continente europeu.

Os chamados reformadores, Ulrico Zuínglio, Martinho Lutero, João Calvino e outros afirmavam que as Sagradas Escrituras são a única regra de fé e prática do cristianismo, mas o Concílio de Trento manteve a equiparação dos dogmas criados pelos papas e da chamada "tradição" com a Bíblia.

Segundo a doutrina da suposta existência do purgatório, as orações dos amigos, parentes e da igreja, e com a intermediação de determinados personagens da história do cristianismo, canonizados pelo catolicismo romano, ou seja, os santos, ajudariam a aliviar as penas daqueles que teriam sido lançados neste lugar para purgarem seus pecados.

As indulgências, vendidas na Idade Média, eram uma espécie de bônus, que, dependendo do valor, supostamente diminuíam o tempo que o comprador passaria no purgatório. A Bíblia é radical, simples e bem objetiva nesse assunto.

Não dá vazão para a exploração do comércio de indulgências e muito menos cria falsas esperanças na vida dos homens, pois ela se refere sempre a dois lugares: céu e inferno.

Segundo a Palavra de Deus, o único meio que ele tem dado para limpar os nossos pecados é o sangue derramado por Jesus, ou seja, o seu sacrifício e a consequente aceitação dele pelo ser humano.

O purgatório e o sangue de Jesus

Nenhuma doutrina, dogma ou tradição pode subsistir sem o respaldo da Palavra de Deus. *"Pois a palavra de Deus é viva e eficaz e mais cortante que espada de dois gumes; penetra até a separação de alma e espírito, articulações e medula, e discerne sentimentos e pensamentos do coração"* (Hb 4.12, Bíblia do Peregrino, edição católico-romana, Editora Paulus).

A doutrina do purgatório que o catolicismo quase não fala a respeito, mas não se pode afirmar que está em decadência, pois, esse ensino está vigente, como veremos a seguir na palavra oficial do Vaticano:

Os que morrem na graça e na amizade de Deus, mas não estão completamente purificados, embora tenham garantida sua salvação eterna, passam, após sua morte, por uma purificação, a fim de obter a santidade necessária para entrar na alegria do Céu.

A Igreja denomina Purgatório esta purificação final dos eleitos, que é completamente distinta do castigo dos condenados. A Igreja formulou a doutrina da fé relativa ao Purgatório, sobretudo no Concílio de Florença e de Trento. Fazendo referência a certos textos da Escritura, a tradição da Igreja fala de um fogo purificador.

No que concerne a certas faltas leves, deve se crer que existe antes do juízo um fogo purificador, segundo o que afirma aquele que é a Verdade, dizendo, que, se alguém tiver pronunciado uma blasfêmia contra o Espírito Santo, não lhe será perdoada nem no presente século nem no século futuro (Mt 12.32). Desta afirmação podemos deduzir que certas faltas podem ser perdoadas no século presente, ao passo que outras, no século futuro.

Este ensinamento apoia-se também na prática da oração pelos defuntos, da qual já a Sagrada Escritura fala: "Eis por que ele [Judas Macabeu] mandou oferecer esse sacrifício expiatório pelos que haviam morrido, a fim de que fossem absolvidos de seu pecado" (2 Mc 12.46). Desde os primeiros tempos, a Igreja honrou a memória dos defuntos e ofereceu sufrágios em seu favor, em especial o sacrifício eucarístico, a fim de que, purificados, eles possam chegar à visão beatífica de Deus. A Igreja recomenda também as esmolas, as indulgências e as obras de penitência em favor dos defuntos:

Levemo-lhes socorro e celebremos sua memória. Se os filhos de Jó foram purificados pelo sacrifício de seu pai, por que deveríamos duvidar de que nossas oferendas em favor dos mortos lhes levem alguma consolação? Não hesitemos em socorrer os que partiram e em oferecer nossas orações por eles (Catecismo da Igreja Católica, página 290, A purificação final ou Purgatório).

Mas onde entra o sangue de Jesus nessa história?

Simples, sabemos que o purgatório é um lugar antibíblico, isso porque de alguma forma, esse lugar elimina a obra de redenção efetuado por Jesus Cristo, nosso Senhor na cruz do Calvário.

Segundo as Escrituras, apenas Deus tem o poder de perdoar e vemos Jesus afirmando que os pecados cometidos estavam perdoados. Isso equivale dizer que Jesus é Deus e também tem o poder de perdoar os pecados, por esse motivo, todos os crentes em Cristo Jesus devem confessar seus pecados a ele unicamente.

E em nenhum outro há salvação, porque também debaixo do céu nenhum outro nome há, dado entre os homens, pelo qual devamos ser salvos (At 4.12).

Porque pela graça é que somos salvos por meio da fé, e isto não vem de vós; porque é um dom de Deus. Não vêm das obras, para que ninguém se glorie (Ef 2.8,9).

A igreja católica e assim como o espiritismo erram em dizer que pela prática de boas obras poderemos alcançar a salvação. O texto de Efésios é bem explícito em afirmar que somos salvos pela graça de Deus por meio da fé.

Análise do dogma

Antes de fazermos uma análise do dogma, apresento os significados das palavras doutrina e dogma.

Dogma, palavra derivada do grego dogma, decreto. Segundo dicionários, dogma é o ponto fundamental e considerado incontestável de uma doutrina religiosa ou filosófica.

Doutrina, derivado do latim doctrina, de docere, ensinar. Conjunto de princípios que regem uma escola literária ou filosófica de um sistema político, econômico, etc., ou de dogmas de uma religião. Ensinamento, regra, norma.

Na igreja católica romana, um dogma é uma verdade absoluta, definitiva, imutável, infalível, inquestionável e absolutamente segura sobre a qual não pode haver nenhuma dúvida.

Uma vez proclamado solenemente, nenhum dogma pode ser revogado ou negado, nem mesmo pelo papa ou por decisão conciliar. Por isso, os dogmas constituem a base inalterável de toda a doutrina católica e qualquer católico é obrigado a aderir, aceitar e acreditar nos dogmas de uma maneira irrevogável.

Lemos que os argumentos apresentados pelo catolicismo romano, cuja edição é revisada de acordo com o texto oficial em latim, ao qual faz uma defesa do dogma do purgatório. A Igreja de Roma admite que, *"embora tenham garantida sua salvação eterna"* passam por uma purificação aqueles que *"não estão completamente purificados"*.

A essência desse dogma está definida nessas palavras: a salvação está garantida, mas os crentes em Jesus, responsáveis por *"faltas leves"*, precisam sofrer algum tipo de ajuste. Em outras palavras, isso quer dizer mais ou menos isso: vocês estão salvos do fogo eterno, mas não salvos do fogo do purgatório.

O Dicionário Aurélio assim define o purgatório: "Lugar de purificação das almas dos justos antes de admitidas na bem-aventurança". A Igreja de Roma cita três textos bíblicos na exposição do seu dogma: 1 Coríntios 3.15; Mateus 12.32, e 2 Macabeus 12.46. Analisemos:

1 Coríntios 3.15: *"Se a obra de alguém se queimar, sofrerá detrimento; mas o tal será salvo, todavia como pelo fogo"*. Nem no texto, nem no contexto, tal passagem sugere a existência do purgatório. O que a igreja católica apresenta é uma distorção ou má interpretação da Palavra de Deus.

O contexto desse versículo quer dizer que se a obra de algum obreiro não passar pela justa avaliação de Deus, tal obra será considerada queimada, insuficiente, indigna.

Em razão disso, o obreiro negligente, sofrerá perdas (vergonha, perda de galardão, perda de glória e de honra diante de Deus) por ocasião do tribunal de Cristo (Rm 14.10; 1 Jo 4.17; Hb 10.30b).

Mateus 12.32: *"E, se qualquer disser alguma palavra contra o Filho do homem, ser-lhe-á perdoado, mas, se alguém falar contra o Espírito Santo, não lhe será perdoado, nem neste século nem no futuro"* (ARC).

Na tradução Revista Atualizado (RA) diz *"... nem neste mundo nem no porvir"*. Na Bíblia Linguagem de Hoje: *"... nem agora nem no futuro"*.

O versículo nos diz que rejeitar de forma contínua e deliberada à salvação que Cristo nos oferece pelo testemunho do Espírito Santo, resulta numa situação irreparável. O versículo enfatiza que blasfêmia contra o Espírito Santo nunca será perdoada.

Marcos 3.28 esclarece melhor: *"Na verdade vos digo que todos os pecados serão perdoados aos filhos dos homens, e toda sorte de blasfêmias, com que blasfemarem. Qualquer, porém, que blasfemar contra o Espírito Santo, nunca obterá perdão, mas será réu do eterno juízo"*.

Novamente, nada indica sobre a possibilidade de, no purgatório (se esse existisse), as almas serem perdoadas. O texto fala que todos os pecados serão perdoados (qualquer tipo de pecado), não havendo chance de os arrependidos levarem consigo "faltas leves" para serem queimadas.

Com isso, fica provado que o ensino professado pela Igreja de Roma ao afirmar em seu catecismo que *"desta afirmação podemos deduzir que certas faltas podem ser perdoadas no século presente, ao passo que outras, no século futuro"*, é errado, pois a Palavra de Deus que está na Bíblia afirma *"que blasfemar contra o Espírito Santo, nunca obterá perdão, mas será réu do eterno juízo"*.

Como uma igreja que diz amar a Deus, dizem seguir os ensinamentos de Cristo, creem que a Bíblia é a Palavra de Deus, sendo vida para as nossas vidas, afirmam justamente o contrário do que está escrito e ensinado? Só por aí, vemos que eles não primam pelas verdades bíblicas.

Interessante notar que o catequismo romano ensina: *"Desde os primeiros tempos, a Igreja honrou a memória dos defuntos e ofereceu sufrágios em seu favor"* conforme apresentado anteriormente.

Essa prática foi herdada das religiões orientais, tais como o xintoísmo que cultuam os espíritos naturais e ancestrais e também oferecem até os dias de hoje, sufrágios ou mesmo oferendas em seu favor.

Na visão xintoísta, se as oferendas não são feitas, o indivíduo pode perder contato com os kamis (deuses que tem a forma de árvores, montanhas, rios, animais e seres humanos, também traduzido como espírito) e sofrer infortúnios.

A oferenda, no entanto, pode consistir em dinheiro, alimentos ou bebidas. O culto aos espíritos naturais e ancestrais sempre foi fundamental para o xintoísmo, desde os dias em que o Japão ainda era uma sociedade agrária. O culto aos antepassados se difundiu particularmente sob a influência do confucionismo chinês.

A Igreja de Roma vê aqui a possibilidade de pecados serem perdoados após a morte, e se vale de 2 Macabeus 12.46, que sugere expiação pelos mortos.

Em 2 Macabeus 12.46 está escrito: *"Mas, considerando que aos que morram piedosamente estava reservado um magnífico prêmio, a ideia é piedosa e santa. Por isso, fez uma expiação pelos caídos, para que fossem libertos do pecado"* (Bíblia do Peregrino, edição católico-romana, Editora Paulus, tradução Luís Alonso Schökel, 2002).

Lembremos primeiramente que Macabeus e mais seis livros e quatro acréscimos são considerados apócrifos para os teólogos e protestantes. Esses livros apócrifos foram aprovados em 18 de Abril de 1546 pela Igreja Romana, depois de debates, "para combater o movimento da reforma Protestante".

Não é apenas o meu modo de ver, mas também de quase a totalidade dos estudiosos, esses livros são considerados sem valor doutrinário, tem apenas valor histórico.

O catolicismo romano, através desses livros encontra em alguns deles sustentação à ideia do purgatório, da oração pelos mortos e da salvação mediante obras.

Tanto 1 Macabeus quanto 2 Macabeus, como os demais livros apócrifos são apenas literaturas seculares, fato comprovado pelos judeus, que nunca os aceitaram como sendo canônicos. Muito menos, foi citado por Jesus, por seus discípulos e nem em qualquer parte do Novo Testamento.

Em outras palavras, o livro de Macabeus não é considerado inspiração divina, e por esse motivo, não serve para o conhecimento da verdade e crescimento espiritual.

Além do mais, os apócrifos foram escritos entre Malaquias e Mateus, em período conhecido como interbíblico, ou seja, entre o período que encerra o Antigo Testamento ou período em que cessou a revelação de Deus e o Novo Testamento.

O dogma do purgatório explica qual é o objetivo das rezas em favor das almas em estado de purificação, mas deixa dúvidas. Se Deus houvesse mesmo estabelecido um período para purificação dos pecados para aqueles que cometeram faltas leves, antes desses ingressarem no céu, isso estaria explicito e bem explicado na Bíblia e deveria ser totalmente cumprido.

Mas, o que podemos entender por faltas leves? Como podemos definir e distinguir o que é falta leve para Deus?

Se não cumprida ou se não cumprida a etapa, não haveria expiação nem purificação. Se a intenção é abreviar a permanência da alma no estágio ou amenizar seu sofrimento, a atitude, embora com as melhores intenções, estaria contrariando os planos divinos e dificultando, quem sabe, a rápida recuperação das almas ali confinadas.

Raciocínio idêntico se aplica à situação dos espíritos desencarnados que, segundo ensino kardecista, necessitam viver outras vidas e morrer para obterem a purificação.

De outra parte, a intercessão dos vivos em favor das almas no purgatório não objetiva abrir-lhes as portas do céu, porque, como o próprio dogma define, a salvação delas está garantida.

Se a passagem pelo fogo fosse indispensável, o purgatório não seria uma maldição, mas uma bênção. O purgatório seria uma espécie de porta de entrada do céu, ou até mesmo, um tipo de sala de espera.

Isso equivale dizer que o purgatório de alguma forma, seria a certeza de salvação. O dogma diz isso. Então, fica a pergunta: faz alguma diferença rezar ou não rezar pelos entes queridos que padecem no purgatório?

Com reza ou sem reza eles no final irão para o céu. Com ou sem reza, com esmolas, penitências ou velas acessas para eles, não estão salvos? Tem algum fundamento orar ou mesmo rezar por almas que já estão com passagem comprada para o céu?

Vendo o ensino desse dogma em uma visão difundida pelo mundo inteiro, se os fiéis analisassem um pouco essa doutrina, economizariam muito dinheiro diariamente, inclusive nas rezas do sétimo dia.

A igreja católica romana diz: *"No que concerne a certas faltas leves, deve se crer que existe antes do juízo um fogo purificador"*. Perguntamos qual o juízo a que está sujeito o salvo?

As Escrituras ensinam que os salvos comparecerão ao tribunal de Cristo (Rm 14.10), após o arrebatamento da sua Igreja, para julgamento de nossas boas obras (Ef 6.8), atos (Mc 4.22). *"Todas as coisas estão nuas e patentes aos olhos daquele a quem havemos de prestar contas* (Hb 4.13).

Ainda que admitida à hipótese de que a igreja de Roma esteja se referindo ao tribunal de Cristo (2 Co 5.10), ficam mais frágeis os argumentos em defesa do purgatório diante da seguinte situação: Cristo virá "arrebatar" a Igreja (1 Ts 4.16-17); os salvos irão se encontrar com Cristo e irão diretamente para o céu; os que forem arrebatados não passarão por nenhum estágio de purificação nem por nenhum fogo purificador.

Vejam: *"Depois, nós, os que ficarmos vivos, seremos arrebatados juntamente com eles [os mortos em Cristo] nas nuvens, a encontrar o Senhor nos ares, e assim estaremos sempre com o Senhor"* (1 Ts 4.17).

A Bíblia não fala da existência de qualquer estágio entre o arrebatamento e o céu. Pergunta-se: Por que esses serão arrebatados sem a obrigação de passar pelo fogo, enquanto os mortos em todos os séculos passariam, necessariamente, pelo estágio da purificação, segundo a crença romanista? Dois pesos e duas medidas no plano de Deus?

O que diz a Bíblia sobre o purgatório

"Nenhuma condenação há para os que estão em Cristo Jesus, que não andam segundo a carne, mas segundo o espírito" (Rm 8.1).

O apóstolo Paulo aqui nos fala da vitória sobre o pecado. O Espírito Santo que em nós habita liberta-nos do poder do pecado. Quem anda em pecado não está liberto, não experimentou o novo nascimento, não se converteu, continua andando conforme o mundo.

Para estes não há purgatório que dê jeito. Para se libertar precisa conhecer a Verdade, e a Verdade é Jesus Cristo (Jo 8.32, 36). Quem morre em Cristo não será condenado a estagiar no sofrimento do purgatório.

1 João 1.7 está escrito: *"Mas, se andarmos na luz, como ele na luz está, temos comunhão uns com os outros, e o sangue de Jesus Cristo seu Filho, nos purifica de todo pecado"*. Dois versículos após, lemos: *"Se confessarmos os nossos pecados, ele é fiel e justo para nos perdoar os pecados e nos purificar de toda injustiça"* (1 Jo 1.9).

Se estivermos em Cristo, na fé e na obediência, não sobram pecados "leves" para nos levar ao fogo do purgatório. O sangue de Jesus nos purifica de todo pecado, de qualquer pecado. Todos os pecados serão perdoados, é isso que as Escrituras nos ensinam.

Essas são as palavras de Jesus que nos fala em João 3.18: *"Quem nele crê não é condenado, mas quem não crê já está condenado, porque não crê no unigênito Filho de Deus"*.

Isso equivale dizer que quem ama, crê e obedece a Jesus não será condenado ao fogo purificador ensinado no catolicismo romano.

Outra citação bíblica que podemos citar é a resposta que Jesus deu a um dos malfeitores que estava crucificado ao seu lado e se mostrou arrependido. *"Em verdade vos digo que hoje estarás comigo no Paraíso"* (Lc 23.43).

Esse malfeitor, com toda a certeza, carregava o peso de muitos pecados, pecados leves e pesados. Se houvesse um estágio como é ensinado na doutrina católica romana, a entrada daquele malfeitor no céu estaria condicionada a uma temporada no purgatório.

Se o purgatório existisse como afirma o romanismo, então, certamente a resposta de Jesus seria diferente do que está escrito nas Escrituras. Para melhor entendimento, faremos uma analogia desse caso, com um terminal rodoviário.

Quando queremos ir a algum destino utilizando um ônibus, normalmente nos dirigimos à rodoviária e, após recebermos o papel da passagem, vamos ao terminal determinado e aguardamos o momento certo para seguir a viagem, entramos no ônibus e vamos rumo ao destino.

Não há baldeação, o destino da viagem está traçado e ponto final. O mesmo acontece quando vamos de carro, moto ou taxi, vamos direto ao destino.

O mesmo ocorre com o caso acima, pois se aquele malfeitor tivesse que passar pelo purgatório, como é ensinado pelo catolicismo, certamente Jesus teria dito: "em verdade vos digo que após passar por um período de purificação em um plano espiritual, você estará comigo no Paraíso depois desse processo".

Mas a palavra do filho de Deus foi *"hoje estarás comigo no Paraíso"*. Não tem purgatório, pois a afirmação de Jesus é enfática e não tem meio termo: *"hoje estarás comigo no Paraíso"*.

Podemos também levantar outra hipótese, que o pecado cometido por esse malfeitor fossem pecados leves e o tempo que ele deveria passar no purgatório seria de apenas alguns minutos ou algumas poucas horas, no máximo 3 horas, pois devemos nos lembrar que naquela época, o dia finalizava ao pôr do sol.

Considerando que Jesus expirou perto da hora nona (Mt 27; Mc 15) e que o dia finalizaria a aproximadamente às 18 horas (tomando como base os dias atuais), então, esse malfeitor teria que passar no purgatório, o tempo máximo de menos de 3 horas para a palavra "hoje" de Jesus se cumprir.

Analisemos segundo as Escrituras: Lucas usa a expressão malfeitores, já Mateus e, Marcos, salteadores (Lc 27.38; Mc 15.27), tanto um malfeitor ou salteador cometem erros condenáveis por Deus e pela sua Palavra.

Malfeitor, segundo definição apresentada na Enciclopédia Larousse Cultural, volume 15, página 3755, é a pessoa que comete atos criminosos, facínora, malfazejo, perverso, bandido.

Na mesma obra, volume 21, página 5205, a definição de salteador é que ou o que salteia, que assalta, bandido, ladrão de estrada, bandoleiro, assaltante. A Palavra de Deus é bem clara quando em Deuteronômio, capítulo 5, versículo 19 diz: "*Não furtarás*".

Se nos Dez Mandamentos, Deus enfatizou que não devemos furtar, é porque isso não é um pecado leve e mesmo que fosse, será que passar menos de 3 horas em um processo de purificação, cobriria todos os pecados anteriores?

É como se uma pessoa que vive do furto, fosse presa e o juiz após o julgamento a condenasse ir para a cadeia por menos de 3 horas e então, essa pessoa perante a lei humana, teria pago sua pena perante a sociedade e seria considerada um cidadão de bem.

Sabemos que a lei humana é um pobre reflexo da Lei Divina e certamente, esse juiz aplicaria uma pena branda ou quem sabe, o penalizaria com serviços comunitários.

Mas a Lei de Deus nos diz que havendo reconhecimento e arrependimento sincero de seus atos, Deus não se lembraria de seus pecados. Jesus não condenou esse malfeitor a passar umas poucas horas no purgatório. Não foi assim, porque não há condenação para os que morrem em Cristo Jesus.

Jesus também contou a história de um homem que era rico, e de outro chamado Lázaro, que era pobre (Lc 16.20-31). O homem rico morreu e foi para um lugar de tormentos. Lázaro, pobre e temente a Deus, foi para o seio de Abraão. Devemos entender a palavra seio de Abraão como Paraíso, e não purgatório.

Por outro lado, Abraão não esboçou qualquer possibilidade de mudar a situação do rico. Indagado, Abraão disse que os irmãos do rico poderiam livrar-se do tormento se dessem ouvidos a Moisés e aos profetas, ou seja, se dessem crédito à Palavra de Deus iriam para o Paraíso, iriam para o mesmo lugar onde estava Lázaro. Não se fala em purgatório e nem se tem entendimento para isso.

Paulo foi um severo e cruel perseguidor de cristãos. Ao encontrar-se com ele, Jesus perguntou: *"Saulo, Saulo, por que me persegues?"*, e mais a frente está escrito: *"Eu sou Jesus, a quem tu persegues"* (At 9.1-8). Esse homem [Saulo] teria razões de sobra para imaginar que, antes de estar com Cristo, passaria por um fogo purificador, e não seria apenas algumas horas ou dias, muito menos alguns anos, mas décadas. Mas a Palavra de Deus nos diz em Isaías 43.25: *"Sou o que apago as tuas transgressões e de teus pecados não mais me lembro"*.

"Ainda que vossos pecados sejam vermelhos como o carmesim se tornarão brancos com a lã" (Is 1.18). Se Deus mandasse alguém para o fogo purificador estaria se lembrando dos pecados que foram perdoados.

Se Deus perdoa os pecados mais pesados (*"vermelhos como carmesim"*), não perdoaria os mais leves? Deus apaga as nossas transgressões. Apagar significa extinguir. O perdão de Deus não é condicional, mas incondicional.

Tem uma parte da oração que Jesus ensinou [o Pai Nosso] que diz: *"Perdoa-nos as nossas dívidas"* (Mt 6.12). Deus perdoaria, mas ficaríamos devendo? Não oramos a um Deus impassível e de difícil acesso, oramos ao Deus Todo-Poderoso, o Deus vivo que ouve, vê, sente, ama, cura, perdoa e salva.

Esse mesmo Deus nos diz em 2 Crônicas 7.14: *"Se o meu povo, que se chama pelo meu nome, se humilhar, e orar, e buscar a minha face, e se converter dos seus maus caminhos, então, eu ouvirei dos céus, e perdoarei os seus pecados, e sararei a sua terra"*.

Está escrito: "p*ois pela graça sois salvos, mediante a fé; e isto não vem de vós; é dom de Deus"* (Ef 2.8). *"Porque o salário do pecado é a morte, mas o dom gratuito de Deus é a vida eterna em Cristo Jesus, nosso Senhor"* (Rm 6.23).

Deus prometeria vida eterna como um dom gratuito, mas depois exigiria alguma espécie de pagamento? É claro que não.

Se temos a fé em Cristo, temos a graça e a salvação. Junto a graça e a salvação, com certeza não viria o purgatório como ensinado na Igreja de Roma.

O sacrifício de Jesus foi exatamente para levar consigo nossas dores, pecados e sofrimentos. A sua morte expiatória nos proporcionou vida eterna. Jesus nos prometeu *"vida com abundância"* (Jo 10.10), isto é, vida com certeza da salvação; uma vida que anseia encontrar-se com ele.

Uma vida de incertezas, com lembranças do fogo purificador, ou uma vida que sabe da existência de um sofrimento no além, não é uma vida abundante.

"Se, pois, o Filho vos libertar, verdadeiramente, sereis livres" (Jo 8.36). Estaríamos livres apenas dos pecados maiores, mas não totalmente livres pecados leves? E por esses pecados leves iríamos para o fogo do purgatório? Verdadeiramente livres da escravidão do pecado, porém não livres do fogo purificador?

É evidente que os salvos não sofrerão as penas do purgatório. Jesus sofreu esse "purgatório" por nós; carregou sobre si as nossas dores, sofreu nossos sofrimentos, *"para que todo aquele que nele crê não pereça, mas tenha a vida eterna"* (Jo 3.16).

"Mas este [Jesus], havendo oferecido um único sacrifício pelos pecados, está assentado para sempre à destra de Deus" (Hb 10.12). O sacrifício de Jesus foi único e suficiente para nos conceder graça, perdão, justificação e salvação. Nada mais precisamos fazer. O pecado foi vencido no Calvário, e *"em todas estas coisas somos mais do que vencedores, por aquele que nos amou"* (Rm 8.37).

É importante registrar que o livro Catecismo da Igreja Católica declara sobre o ensino "Para a remissão dos pecados":

> "Pelo Batismo todos os pecados são perdoados: o pecado original e todos os pecados pessoais, bem como todas as penas do pecado. Com efeito, naqueles que foram regenerados não resta nada que os impeça de entrar no Reino de Deus: nem o pecado de Adão, nem o pecado pessoal, nem as sequelas do pecado, das quais a mais grave é a separação de Deus" (Catecismo da Igreja Católica, 1999, pág. 351).

E na mesma página, cujo título do ensino é "Uma nova criatura" declara: *"O Batismo não somente purifica todos os pecados, mas também faz do neófito uma criatura nova..."*

Na doutrina do batismo, a Igreja de Roma concorda que Deus perdoa todos os pecados, e as penas resultantes. Já na doutrina do purgatório os pecados não são totalmente perdoados.

Uma incoerência. Como eles ensinam que *"todos os pecados são perdoados, o pecado original e todos os pecados pessoais, bem como todas as penas do pecado"* e depois afirmam que o purgatório existe e que passaram um tempo ali para serem purificados pelo fogo, ou seja, para terem os seus pecados perdoados.

Como vimos, o dogma do purgatório não encontra qualquer amparo nas Sagradas Escrituras. Se Deus não criou o purgatório, quem o inventou?

Eis a resposta nas próprias palavras de seus criadores: *"A Igreja formulou a doutrina da fé relativa ao Purgatório sobretudo no Concílio de Florença e de Trento"* (Catecismo da igreja católica, página. 290, A purificação final ou purgatório).

Em outras palavras, a igreja católica romana criou através de seus concílios um dogma em uma tentativa de dominar e amordaçar seus fiéis, incutindo na mente deles esse absurdo teológico que como vimos falta com a verdade bíblica e do bom senso humano. O dogma do purgatório nada mais é afronta a própria Bíblia.

Outro texto importante de salientarmos encontra-se no livro Catecismo da Igreja Católica, com o título As penas do pecado:

Para compreender esta doutrina e esta prática da Igreja, é preciso admitir que o pecado tem uma dupla consequência. O pecado grave priva-nos da comunhão com Deus e, consequentemente, nos torna incapazes da vida eterna; esta privação se chama "pena eterna" do pecado. Por outro lado, todo pecado, mesmo venial, acarreta um apego prejudicial às criaturas que exige purificação, quer aqui na terra, quer depois da morte, no estado chamado "purgatório". Esta purificação liberta da chamada "pena temporal" do pecado. Essas duas penas não devem ser concebidas como uma espécie de vingança infligida por Deus do exterior, mas, antes, como uma consequência da própria natureza do pecado. Uma conversão que procede de uma ardente caridade pode chegar à total purificação do pecador, de tal modo que não haja mais nenhuma pena.

O perdão do pecado e a restauração da comunhão com Deus implicam a remissão das penas eternas do pecado. Mas permanecem as penas temporais do pecado. Suportando pacientemente os sofrimentos e as provas de todo tipo e, chegada a hora, enfrentando serenamente a morte, o cristão deve esforçar-se para aceitar, como uma graça, esses penas temporais do pecado; deve aplicar-se, por meio de obras de misericórdia e de caridade, como também pela oração e por diversas práticas de penitência, a despojar-se completamente do "velho homem" para revestir-se do "homem novo" (Catecismo da Igreja Católica, 1999, pág. 406 a 407).

Mediante ao exposto, podemos tirar três conclusões que o lugar chamado purgatório foi invenção de homens e o catolicismo romano enfatiza a salvação com *"obras de misericórdia e de caridade, como também pela oração e por diversas práticas de penitência"* e não reconhece plenamente o sacrifício expiatório e redentor de Jesus Cristo, apesar de os ensinar.

Ainda bem que Jesus derramou seu sangue por nós, e o seu sangue nos lava e purifica de todo pecado e não há doutrina alguma ensinada pelos homens que pode negar esse fato.

Conclusão

Apesar de podermos visualizar algumas semelhanças entre os ensinos bíblicos que é a verdadeira Igreja de Cristo e os ensinos da igreja de Roma, poderemos apenas dizer que a verdadeira Igreja de Cristo está fundamentada em Jesus Cristo e não Pedro, pois se temos Cristo como único fundamento de nossa fé, em momento algum podemos atribuir esse fundamento a Maria, Pedro, Tiago, João, Paulo ou quem quer que seja.

Está escrito em 1 Coríntios 3.11: *"Ninguém pode pôr outro fundamento além do que já está posto, o qual é Jesus Cristo"*.

A Palavra de Deus nos exorta a não nos desviarmos do evangelho que é cristocêntrico. Não devemos nos deixar levar por quaisquer doutrinas de homens. Todo o ensino dos apóstolos foi sobre a vida, obra e ressurreição de Cristo; em momento algum os apóstolos pregaram sobre Maria.

Indo na contramão dos ensinos apostólicos, vemos a igreja de Roma ensinando e exaltando o nome de Maria e um panteão de santos. A revelação de Deus é as boas novas anunciadas pelos discípulos; Jesus Cristo e não devemos ficar satisfeitos com outro ensino.

Não precisamos de algo mais (Maria e todos os santos) para crer que Jesus Cristo é o filho de Deus, nosso único intercessor e salvador. A igreja católica ainda não entendeu o quanto Jesus é suficiente para todos os aspectos da salvação da humanidade e da vida cristã.

Assim, também vemos que a igreja de Cristo não é dirigida por alguém que é eleito, mas é dirigida pela vontade de Deus.

O papa é uma autoridade eclesiástica, mas não é infalível mesmo quando fala em cathedra. Tampouco, o apóstolo Pedro foi o primeiro papa, nem ensinou a sucessão papal e nem é o fundamento da igreja. Do mesmo modo, Maria foi uma mulher especial, não é a mãe de Deus, mas a mãe de Jesus, do Deus que se fez homem.

Também, ela não é nossa intercessora entre Deus e os homens; esse papel é exclusivamente de Jesus segundo ensinam as Escrituras Sagradas.

Para voce que adora (no bom sentido) Maria ou mesmo gosta dela, tenho uma sugestão: faça o que ela mandou quando estava nas bodas de Caná da Galiléia: *Fazei tudo quanto ele vos disser* (Jo 2.5).

A igreja católica e consequentemente seus adeptos precisam conhecer a verdade, viver a verdade, praticar a verdade e proclamar a verdade.

Essa verdade é Jesus Cristo e segundo seus ensinamentos devemos amar uns aos outros (Jo 15.12) e o maior ato de amor que podemos praticar em relação "aos outros" é anunciar a todos, independente da religião professada, as boas novas do Evangelho: Jesus Cristo.

Finalizando, deixo novamente um versículo para sua meditação: *"Tende cuidado, para que ninguém vos faça presa sua, por meio de filosofias e vãs sutilezas, segundo a tradição dos homens, segundo os rudimentos do mundo, e não segundo Cristo"* (Cl 2.8).

Fonte de pesquisa

Bíblia de Estudo Aplicação Pessoal – Almeida Revisada e Corrigida - CPAD

Bíblia de Estudos – Batalha espiritual e Vitória financeira

Bíblia de Estudo Nova Tradução na Linguagem de Hoje – NTLH

Bíblia de Estudo NVI – Editora Vida

Bíblia do Peregrino – Edição católica, Editora Paulus, 2002

Bíblia Sagrada – Tradução CNBB – Décima edição

Bíblia – Tradução Ecumênica, Edições Loyola, São Paulo, 1994

Bíblia de Jerusalém – Editora Paulus, São Paulo, 2011

Bíblia Sagrada Ave-Maria, Editora Ave-Maria, São Paulo, 2010

Bíblia on Line

Novo Testamento interlinear – Grego – Português, SBB, São Paulo, 2009

Catecismo da Igreja Católica – Edição revisada de acordo com o texto oficial em latim – Editora Loyola – 1999

Grande Enciclopédia Delta Larrousse, Editora Delta, Rio de Janeiro, 1971

WIERSBE, Warren W – Comentário Bíblico Expositivo – Pentateuco – Editora Central Gospel, Rio de Janeiro, 2006

Concordância Bíblica Crescer – Geográfica – 4ª edição

Dicionário Eletrônico Aurélio – século XXI

RUSCONI, Carlo – Dicionário do Grego do Novo Testamento, Editora Paulus, São Paulo, 2011

OLIVEIRA, Paulo José F. de – Desmistificando o dízimo – ABU Editora, São Paulo 2005

BARROS, Aramis C, de – Doze homens, uma missão – Um perfil bíblico-histórico dos doze discípulos de Cristo –Editora Hagnos, São Paulo, 2006

Grande Enciclopédia Larousse Cultural

OLSON, Roger – História da teologia crista – Editora Vida Acadêmica, São Paulo, 2001

JOINER, Eduardo – Manual Prático de Teologia – Editora Central Gospel, Rio de Janeiro, 2004

DOUGLAS, J. D. – Novo Dicionário da Bíblia –

GAARDER, Jostein & HELLERN, Victor & NOTAKER, Henry – O livro das religiões – Companhia de Bolso – 2010

RADMACHER, Earl D. & ALLEN, Ronald B. & HOUSE, H. Wayne – O Novo Comentário Bíblico – Antigo Testamento – Editora Central Gospel, 2009

MALAFAIA, Silas – Qual a igreja verdadeira – Uma resposta ao catolicismo – Editora Central Gospel, Rio de Janeiro, 2004

GRUDEM, Wayne, Teologia Sistemática – Atual e Exaustiva, Editora Vida Nova, São Paulo, 1999

OLIVEIRA, Oséias Gomes, Concordância Bíblica Exautiva Joshua, Editora Central Gospel, Rio de Janeiro, 2012

LOPES, Hernandes Dais, O papado e o dogma de Maria, a luz da Bíblia e da história,
Editora Hagnos, São Paulo, 2005

HARRISON, R. K., Jeremias e Lamentações – Introdução e comentário, Editora Vida Nova, São Paulo, 2008

HALLEY, Manual Bíblico de Halley – Edição Revistaq e Ampliada – Nova Versão Internacional, Editora Vida, São Paulo, 2001

TASKER, R. V. G. – Mateus- Introdução e Comentário, Série Cultura Bíblica, Editora Vida Nova, São Paulo, 2008

RICHARDS, Lawrence O. – Comentário Histórico-Cultural do Novo Testamento, CPAD, Rio de Janeiro, 2007

BRUCE F. F. – Comentário Bíblico NVI – Antigo e Novo Testamento – Editora Vida, São Paulo, 2012

NATUR, Reginaldo de Sousa – A importância da Bíblia – Editora Clube de Autores – Maranhão, 2010

www.ingramcontent.com/pod-product-compliance
Lightning Source LLC
Chambersburg PA
CBHW020151090426
42734CB00008B/781